PROMOUVOIR
VENDRE
RÉUSSIR SUR INTERNET

7 stratégies pour ATTIRER et FIDÉLISER plus de clients,
MULTIPLIER vos revenus
et devenir l'EXPERT incontesté de votre niche

ALAIN POMERLEAU
#1 International Bestseller

Pour recevoir les bonus qui accompagne ce livre:
www.AlainPomerleau.com/prochain-chapitre

Pour rejoindre l'auteur:
www.AlainPomerleau.com
www.PublieretProfiter.com
www.artistePOM.com

ISBN-13: 978-2981511010

ISBN-10: 2981511017

THESPIAN Services artistiques
www.thespian.ca

AVERTISSEMENT

Bien que l'auteur aie fait de son mieux pour expliquer les concepts dans ce livre, celui-ci ne garantie aucunement le succès des participants ou les résultats que ceux-ci pourraient atteindre ou non en utilisant les propos de ce livre. La réussite exige des efforts de la part des participants, du temps, ainsi qu'un investissement personnel et parfois financier pour atteindre le meilleur résultat possible.

Remerciements

À Christine.

Mes enfants qui se demandent encore ce que leur père fait à la maison !!!

À Éric et Isabelle.

TABLE DES MATIÈRES

PRÉFACE

J'ai découvert Alain Pomerleau dans un groupe d'entrepreneurs privé sur Facebook il y a deux ans et j'ai rapidement reconnu son esprit créatif et son œil critique. Il a une véritable expertise du web et de la promotion en ligne et une passion pour la partager.

Alain a étudié avec les plus grands experts du marketing sur le web depuis plusieurs années. Il est un des rares francophones qui enseigne les nouvelles stratégies de vente et de promotion en ligne. Celles qui fonctionnent aujourd'hui, pas les vieilles théories dépassées.

Son expertise de la scène et du monde artistique l'aide à vulgariser habilement des thèmes qui peuvent parfois être bien complexes. Ses clients, élèves ou lecteurs peuvent donc bien saisir ses stratégies et surtout les appliquer rapidement, peu importe leur niveau d'expérience.

J'ai eu la chance de discuter avec Alain en personne lors d'une conférence à San Diego l'an dernier. C'est quand même particulier de rencontrer à la frontière du Mexique une personne qui est originaire de la même région que moi, soit l'Estrie. Surtout en considérant qu'il habitait à ce moment-là en Nouvelle-Zélande et que moi j'habite à Toronto.

Le monde est petit, surtout en ligne.

Nous avons rapidement réalisé que nous aurions intérêt à travailler ensemble et avons depuis collaboré sur plusieurs projets, principalement des lancements de livres internationaux. Cette expertise nous a amenés à lancer le programme Publier et Profiter afin d'aider un plus grand nombre d'entrepreneurs à élargir leurs marchés.

Le web offre la possibilité de rejoindre nos clients, amis et partenaires d'affaires aux quatre coins de la terre. Dans ce livre, Alain partage plusieurs recettes et outils pour accélérer le processus et améliorer vos résultats.

Bon succès !

Éric D. Groleau
Auteur "Best-Seller" de
Taming the Wild Wild Web—For Parents:
Protect your Family, Identity & Security Online.
WildWildWebBook.com

AVIS AU LECTEUR

Je préfère vous avertir tout de suite que dans ce livre, j'utiliserai à l'occasion des termes anglophones. La raison est bien simple, c'est que l'internet s'invente au fur et à mesure et que la plupart du temps, les innovations se font initialement en anglais (entre autres parce que le marché anglophone est beaucoup plus grand). Et comme je veux que ce livre vous soit le plus utile possible, je vous donnerai les termes anglophones pour que vous puissiez facilement trouver plus d'informations sur internet si vous le désirez.

Un bon exemple pour ça est le terme "podcast" qui est l'équivalent de la radio diffusée sur internet. Certains l'ont traduit en français par le terme "baladodiffusion", mais ce terme est tellement peu utilisé que si vous désirez en savoir plus sur cette stratégie de marketing, vous trouverez très peu d'information avec ce terme français. Alors que si vous faites une recherche sur le terme podcast, vous aurez des centaines ou des milliers d'articles qui vous seront proposés.

Alors comme j'ai l'intention que ce livre vous soit des plus utiles, je nommerai les stratégies d'une façon telle que vous puissiez les retrouver sur internet. J'utiliserai donc ces termes en anglais en les mettant entre guillemets dans le texte.

SECTION 1

*L'internet est là pour rester, aussi bien
apprendre à en profiter*

UN EXEMPLE CONCRET DU MONDE VIRTUEL

"Soyez un éternel étudiant du potentiel humain. Et offrez votre talent à la planète, c'est ce que je vous souhaite…"

AlainPomerleau.com

J'ai toujours été curieux. J'aime apprendre des nouvelles stratégies et je reste toujours aux aguets des nouvelles opportunités. Je suis un éternel étudiant du potentiel humain. Et comme je suis un autodidacte dans plusieurs domaines, l'internet a été pour moi une source extraordinaire d'information.

Très tôt, j'ai découvert sur internet, un site qui m'a permis d'apprendre à utiliser plusieurs nouveaux logiciels. Le site en question s'appelle Lynda.com (le nom du site m'a toujours laissé perplexe car il donne l'impression d'un site pour adulte plutôt que d'un site qui enseigne les nouvelles technologies dans le comfort de son domicile). Mais malgré son nom étrange, Lynda.com a été un des premiers sites internet à offrir de la formation par vidéo à la carte. En s'inscrivant et en payant les frais, on a aussitôt accès à la formation qui nous intéresse. Au cours des années, le site est devenu tellement populaire qu'en 2015, Linkedin a acheté Lynda.com pour la somme de 1,5 milliard de dollars. Très impressionnant, considérant que les utilisateurs ont accès aux milliers de formations sur le site pour seulement $20 par mois. Plusieurs bibliothèques municipales, dont celle de Toronto, offrent même accès à ces formations gratuitement.

Mais au-delà du succès de ce site, ce que je veux partager avec vous ici c'est que chacune des formations disponibles comprend des vidéos gratuites qui nous permettent de voir et de goûter, ni plus ni moins, au contenu pour voir si celle-ci va nous plaire. Et la plupart du temps, ces vidéos disponibles gratuitement donnent un exemple concret de ce que la formation comprend.

J'ai tellement appris de choses avec les milliers d'heures que j'ai passé chez "Lynda", que j'ai pensé commencer ce livre de la même façon, en vous donnant un exemple concret de ce qu'il est possible de faire sur internet.

Ce n'est qu'un exemple parmi tant d'autres qui vous donnera une idée précise, avant d'entrer dans les détails, étape par étape, des stratégies que vous pouvez utiliser pour promouvoir et vendre vos propres produits et services sur internet.

Pour cet exemple, je vais vous parler d'une méthode que j'utilise et que j'enseigne pour écrire et publier un livre en moins de 90 jours, tout en devenant "Best-seller". D'abord, laissez-moi vous dire que je sais, sans l'ombre d'un doute, que cette méthode fonctionne puisque je l'ai personnellement utilisée à plus d'une reprise. Vous avez entre les mains un de mes livres qui est né de cette méthode et en plus j'ai assisté et pris part à plus de 300 lancements de livres, juste dans la dernière année, d'auteurs qui étaient pour la plupart à leur première publication et qui sont devenus des "Best-sellers."

Puisque je sais que cette méthode fonctionne et que je peux l'enseigner, j'ai décidé de créer une formation en ligne pour que mes clients, existants et potentiels, puissent l'utiliser et devenir à leur tour, auteurs "Best-sellers".

Mon plus grand défi avec ce projet est que cette méthode est peu connue dans le monde francophone. En fait, personne ne l'enseigne en français, au moment où j'écris ce livre. Dans les 300 lancements auxquelles j'ai participé, je suis le seul auteur qui ait publié des livres en français.

Cette méthode, qui est une des stratégies les plus efficaces pour promouvoir et vendre des produits et services sur internet, s'adresse particulièrement aux entrepreneurs et aux professionnels qui désirent agrandir leurs marchés. Mais le problème auquel je fais face en essayant de promouvoir cette statégie est que la plupart de mes clients potentiels (les entrepreneurs et professionnels) ne comprennent habituellement pas l'utilité d'écrire un livre pour faire la promotion de leur entreprise (produits ou services).

Puisque cette méthode est peu connue dans le marché francophone, mes clients cibles ne sont pas au courant qu'un tel service existe et ne voient donc pas les avantages qu'un livre peut avoir pour leur entreprise.

Alors mon premier objectif, avant même d'essayer de vendre ma formation en ligne, sera de sensibiliser ma clientèle cible aux bénéfices que peut leur apporter la publication d'un livre.

Pour réussir à sensibiliser mes clients potentiels, j'ai besoin de communiquer avec eux pour les informer et les éduquer sur ce service. Afin d'atteindre cet objectif, j'ai créé ce qu'on appelle une "squeeze page". Une page qui offre quelque chose de gratuit en échange de l'adresse courriel et du prénom de mes clients potentiels.

Il est important de noter ici que la gratuité que vous offrez en échange d'une adresse courriel doit absolument avoir un lien en rapport avec le service ou le produit que vous offrez si vous voulez obtenir des prospects de qualité. Prenez le cas extrême où, par exemple, vous offrez une tablette numérique à tous ceux qui s'inscrivent sur votre page. Je suis convaincu que vous auriez un bon rendement, c'est-à-dire plusieurs personnes qui s'inscrivent sur votre page pour recevoir la tablette gratuite. Par contre, il est fort à parier que la majorité des gens vont s'inscrire uniquement pour recevoir la tablette, sans nécessairement être intéressés par vos services. Tandis que si vous offrez une gratuité dans la même lignée que vos produits et services, vous avez davantage de probabilités d'obtenir des nouveaux clients. Par exemple, si votre entreprise vend de la nouriture ou des mangeoires pour les oiseaux, un guide gratuit permettant d'identifier facilement les espèces d'oiseaux les plus communes pourrait attirer des clients potentiels. Cette approche vous assure de pré-qualifier vos prospects et d'augmenter les probabilités d'obtenir une vente. S'ils sont intéressés par votre gratuité, il y a des chances qu'ils portent plus d'attention à vos messages et vos produits et services. On verra plus en détail cette façon de faire un peu plus loin dans le livre.

Dans mon cas, je vais donner un avant-goût de ce qu'un livre peut accomplir pour un entrepreneur. Sur cette "squeeze page" (parfois appelée "landing page") le visiteur n'aura que deux choix possibles; soit il s'inscrit à ma liste de diffusion en échange de la gratuité ou bien soit il décide de quitter la page. Cette page a comme objectif de pré-qualifier mes clients potentiels. Ainsi, la gratuité servira à attirer mes clients potentiels, mais aussi à éloigner ceux qui ne sont pas intéressés. Cela évite de perdre du temps avec les individus qui ne sont pas intéressés avec ce que nous avons à offrir, afin de mieux se concentrer sur ceux qui sont intéressés.

Gardez en tête que votre produit ou service, tout comme le mien, n'est pas pour tout le monde, mais dans les mains des gens intéressés, il se vendra "presque" tout seul.

Lorsque les personnes s'inscrivent, un processus automatisé que j'ai mis en place va déclencher l'envoi d'une série de courriels à un intervalle que j'aurai choisi au préalable. Le premier courriel va les remercier de s'être inscrits sur mon site et va servir à me présenter. Ce premier message servira aussi à leur remettre la gratuité, telle que promise.

Les courriels qui suivront seront écrits avec l'objectif de donner de la valeur aux clients potentiels (soit avec quelques trucs supplémentaires ou comment bénéficier encore plus de la gratuité). L'intention est de créer une relation avec ce visiteur pour, entre autres, inspirer confiance en moi et mes services. Ces courriels serviront également à former le client potentiel pour qu'il réalise tous les avantages qu'un livre peut lui apporter (que ce soit des nouveaux clients, devenir une autorité dans son domaine ou de pré-qualifier ses prospects).

Par exemple, un de ces courriels va suggérer une façon d'écrire un livre sans même taper un seul mot sur un clavier. Je sais que mes clients potentiels ne sont pas des écrivains, donc plusieurs sont intimidés à l'idée de s'asseoir et d'écrire. C'est pourquoi je leur donnerai un truc pour les convaincre qu'il y a des alternatives à s'asseoir devant une page blanche ou un écran vide pour écrire un livre. J'espère ainsi qu'ils réalisent qu'ils peuvent eux-aussi écrire un livre même s'ils ne sont pas écrivains.

Suite à cette série de courriels, une fois que j'aurai donné de la valeur à ces nouveaux inscrits, je pourrai éventuellement leur offrir mes services, en les invitant par exemple, à un webinaire (la diffusion interactive d'une formation sur le web où je pourrai leur réitérer les avantages d'avoir leur propre livre). Je pourrai leur démontrer qu'il s'agit d'une approche facile en suivant une méthode qui a déjà fait ses preuves et surtout souligner l'idée qu'avoir un livre sera l'équivalent d'avoir un représentant qui fait la promotion et la vente pour eux, 24 heures sur 24.

Finalement, à la fin du webinaire, je leur ferai une offre irrésistible alignée avec le sujet, soit ma formation en ligne pour écrire et publier un livre en moins de 90 jours, accompagnée de plusieurs bonus. Ils pourront l'acheter en profitant d'un rabais important s'ils agissent rapidement, habituellement au cours des 3 prochains jours. En insérant une limite de temps, cela oblige les clients potentiels à prendre une décision maintenant, surtout s'ils veulent profiter du rabais et des bonus.

Suite à la diffusion de ce webinaire, j'enverrai quelques courriels pour leur rappeler que l'offre et les bonus sont disponibles jusqu'à une certaine date. Et pour permettre à ceux qui se sont inscrits au webinaire, mais qui n'ont pas pu le voir, de le regarder ou de le revoir à nouveau. Le message va rappeler, encore une fois, que l'offre et les bonus se terminent sous peu.

Ce qui est intéressant dans ce processus, c'est que tout ça peut être automatisé, c'est-à-dire que plusieurs tâches seront faites une seule fois et qu'ensuite, le système en place répètera la procédure à chaque nouveau client potentiel qui s'inscrira sur ma "squeeze page".

Avec ce système, tout ce que j'ai à faire, c'est d'envoyer du trafic sur cette "squeeze page" en faisant de la publicité sur Facebook et Youtube (voir le chapitre "ingrédient #6 - Inviter) pour que des nouveaux clients potentiels s'inscrivent dans mon entonnoir de vente, communément appelé "funnel" (voir le chapitre sur l'ingrédient #5 - Automatiser). Ainsi les nouveaux visiteurs commencent, à leur tour, le processus pour éventuellement devenir des clients acheteurs.

Dans l'exemple que je vous ai présenté, le produit était digital, c'est-à-dire que j'offrais une formation en ligne, mais ce système fonctionne aussi bien avec des produits physiques que vous vendez en magasin ou des services professionnels que vous offrez à votre bureau.

J'ai donné l'exemple d'un service et produit numérique (formation en ligne en vidéos) parce que c'est ce que je fais personnellement et j'aime bien l'idée que je puisse créer le service une seule fois et qu'ensuite, je puisse le promouvoir et le vendre des milliers de fois sans travail supplémentaire.

Cet exemple est seulement un parmi d'autres, mais j'espère que vous commencez à voir le potentiel que l'internet offre pour vendre ou promouvoir vos services, vos produits ou votre expertise.

CE LIVRE VA MAL VIEILLIR!!!

"Vous avez accès dans ce livre aux stratégies de marketing sur internet les plus récentes. Ou bien vous en profitez en les utilisant ou bien c'est vos compétiteurs qui le feront… "

AlainPomerleau.com

Ce livre va mal vieillir ! Vous ne pourrez pas dire que je ne vous ai pas avertis. Il est certain que ce n'est peut-être pas la meilleure façon de commencer un livre, mais aussi bien se dire les "vraies" affaires. Sincèrement, je ne pense pas que vous allez prendre ce livre dans 10 ans et que vous allez y retrouver les petits trésors que vous allez y découvrir aujourd'hui.

Par contre, donnez-moi deux minutes pour clarifier cette affirmation. Aujourd'hui, ce livre est non seulement très actuel, il va aussi vous donner les raccourcis pour obtenir les résultats que vous voulez atteindre sur internet. Que ce soit promouvoir ou vendre vos produits et services ou diffuser votre message en rejoignant une audience aussi grande que possible (comprendre ici la planète entière) ou aussi étroite que vous désirez (par exemple les femmes entre 34 et 49 ans qui ont démontré de l'intérêt pour la course à pied au cours des six derniers mois).

Quand je dis que ce livre va mal vieillir, je fais référence au fait que l'internet évolue tellement rapidement que dans 10 ans, certaines de ces stratégies ne s'appliqueront probablement plus ou d'autres aspects auront évolué. Principalement les outils pour appliquer ces stratégies vont changer.

Prenons les sites internet, par exemple. Je développe des sites web pour ma compagnie et pour mes clients depuis plus de 15 ans. Au début, le look qu'on voulait donner à un site internet était celui d'une grosse compagnie avec une mission, un service à la clientèle, etc. On pouvait être tout seul dans son sous-sol mal éclairé, mais on cherchait quand même à donner l'impression, sur internet, que notre compagnie était plus importante qu'en réalité. On créait des dizaines d'adresses courriel différentes pour faire comme si…

De nos jours, c'est presque le contraire, c'est-à-dire qu'on cherche à humaniser notre présence sur internet. Les gens, dans la vie, tout comme sur internet, ont des rapports avec des personnes et non pas avec des sites internet. Alors de nos jours, on désire que notre site ait un look professionnel et authentique. On veut démontrer aux gens que s'ils font affaire avec notre entreprise, ils seront servis par de vraies personnes et non pas traités comme un numéro.

Au début de l'internet, on voulait épater nos visiteurs avec du "flash", des effets spéciaux. Aujourd'hui, l'idéal est de bâtir un site internet avec un objectif bien précis et unique parce que la majorité des gens ont tellement peu de temps ou d'attention qu'ils doivent rapidement voir et comprendre ce qui est offert sur une page web, sinon ils cliquent rapidement pour aller voir ailleurs. Voici un type de comportement qui a évolué rapidement sur internet.

Et c'est sans compter tous les aspects techniques ou les technologiques qui changent. Il y a quelques années à peine, on voulait très peu d'images ou de vidéos sur nos sites, car ils ralentissaient le temps de téléchargement, c'est-à-dire le temps requis pour voir la page désirée. Maintenant avec le sans-fil disponible presque partout et avec l'accès à l'internet haute-vitesse, on peut voir des films en haute définition en direct sur internet, sans avoir aucun décalage ou temps d'attente.

Bien sûr, j'ai une solution à vous offrir pour éviter que ce livre vieillisse mal. Je vous propose un endroit où je vous tiendrai au courant des nouveaux développements et des nouvelles stratégies de marketing disponibles sur le web. Comme je suis un passionné de l'internet et des opportunités que ce médium nous offre, je suis prêt à faire le travail, à faire la recherche pour vous. Je vais continuer à explorer, innover et essayer les nouvelles stratégies pour savoir si elles fonctionnent ou non, pour ensuite vous rapporter les résultats. Je suis prêt à être le "cobaye" et ensuite vulgariser et simplifier la façon de vous y prendre pour atteindre les mêmes résultats dans votre entreprise, mais beaucoup plus rapidement et sans les essais erreurs.

Alors ce que je vous suggère est de vous inscrire au bonus que je vous offre gratuitement avec ce livre en visitant la page suivante :

AlainPomerleau.com/prochain-chapitre

Et parmi les bonus, je vous propose de vous tenir au courant au fur et à mesure que des nouvelles stratégies ou outils de marketing voient le jour sur internet.

Donc la solution pour vous assurer d'avoir accès aux plus récentes stratégies de marketing sur le web est de vous inscrire au lien que je vous ai indiqué pour recevoir les mises à jour, les nouveautés et les bonus accompagnant ce livre.

Et il faut bien comprendre que lorsque je dis que le livre va mal vieillir, c'est dans un futur à moyen et long terme. Pour ce qui est du présent, ce livre est plutôt avant-gardiste et vous propose ce qui se fait de mieux et de plus efficace sur l'internet pour diffuser votre message au plus grand nombre de personnes possible. Il vous offre les meilleures stratégies pour promouvoir et vendre vos produits et services sur internet.

Ce qui m'amène au prochain point, à qui ce livre s'adresse-t-il? Le prochain chapitre répondra rapidement à cette question.

À QUI S'ADRESSE CE LIVRE?

"La vision est l'art de voir les choses invisibles"

Jonathan Swift
Artiste, écrivain, essayiste (1667 - 1745)

Ce livre s'adresse aussi bien à ceux qui commencent à promouvoir sur internet, qu'à ceux qui possèdent déjà certaines notions de marketing, mais qui ne sont pas certain des meilleures stratégies à utiliser pour rentabiliser leurs efforts.

Ce livre s'adresse autant aux gens qui se servent déjà de l'internet, mais qui désirent améliorer leurs résultats qu'à ceux qui se demandent, comment utiliser l'internet pour promouvoir leurs messages, leur expertise ou vendre leurs produits et services.

Donc si vous êtes intéressés à découvrir les opportunités que l'internet peut vous offrir, peu importe vos niveaux d'aisance avec ce médium, ce livre est pour vous.

N'allez surtout pas croire que seulement les gens qui vendent directement sur internet peuvent bénéficier de ce livre. Car vous devez comprendre que si vous vendez quelque chose, que ce soit un produit ou un service, peu importe si vous le faites directement sur internet ou non, vos clients existants ou potentiels, eux, sont déjà sur internet à se divertir, s'informer et acheter. Donc si vous voulez leur parler, les informer et les aider à découvrir vos produits ou services, vous vous devez d'avoir une présence sur internet.

Vous verrez un peu plus tard dans le livre, que le premier ingrédient essentiel pour promouvoir et vendre sur internet est d'avoir une vision claire de ce que vous voulez accomplir. Par exemple, votre présence en ligne peut avoir comme objectif; d'inciter les gens à vous appeler, à prendre rendez-vous ou à visiter votre magasin qui a pignon sur rue. Vous n'avez pas besoin de vendre directement sur internet, mais vous vous devez d'avoir une stratégie pour rejoindre votre client potentiel, lui "parler" et l'inviter dans votre magasin. Et comme vos clients sont déjà en ligne, ce médium est idéal pour communiquer avec eux et les courtiser.

Et si vous voulez vendre directement sur internet ou si vous vendez déjà sur ce médium, il est évident que ce livre est pour vous. Vous y découvrirez les plus récentes stratégies de marketing disponibles.

Ce livre est aussi pour ceux qui sont curieux ou intrigués quant aux opportunités offertes. Peut-être vous demandez-vous s'il y a moyen pour vous d'augmenter vos revenus en utilisant les outils qu'offre l'internet. Ce livre vous aidera à y voir plus clair dans ce domaine, en vous montrant les nouvelles possibilités de ce lieu de business virtuel. L'univers des produits d'information, les formations en ligne, par exemple, font partie d'un domaine de plus en plus populaire. En fait Forbes prévoyait que le marché global de la formation en ligne allait atteindre 107 milliards de dollars pour 2015. Et cela va aller en grandissant. C'est le bon temps d'y embarquer, car il y a très peu de formations francophones en ligne disponibles comparativement à ce qui est disponible en anglais.

Si vous avez une expertise ou une passion quelconque et que vous désirez la partager afin d'en retirer un revenu supplémentaire ou peut-être même en vivre, ce livre vous donnera les étapes à suivre pour y arriver.

Finalement si vous êtes un entrepreneur, un auteur ou un professionnel avec un produit ou un service, ce livre va vous montrer comment vous pouvez augmenter vos ventes, attirer des nouveaux clients et devenir l'autorité dans votre domaine en utilisant l'internet.

Et soyez assuré que vous n'avez pas besoin d'être un "geek", c'est-à-dire un expert des nouvelles technologies pour y arriver. Au contraire, mon objectif est de vous montrer comment y arriver, peu importe votre niveau de confort quant à l'utilisation de l'internet.

Bien que ce livre peut aider de nombreuses personnes quand vient le temps d'utiliser l'internet pour promouvoir et vendre leurs produits et services, il y a aussi certaines personnes pour qui ce livre n'est pas conseillé. Et le prochain chapitre traite de ces quelques cas.

CE LIVRE N'EST PAS POUR VOUS SI...

"Si vous diluez votre message en essayant de plaire à tous, vous allez réussir à ne plaire à personne. Vous n'allez pas offusquer personne, mais vous n'allez pas vous démarquer non plus..."

AlainPomerleau.com

Ce livre n'est pas pour tous. Il ne va pas répondre aux besoins de tous les lecteurs. En fait, c'est un concept que vous devez comprendre et utiliser sur internet si vous voulez profiter de ce médium afin de ne pas y perdre temps et argent. Je suis persuadé que vos produits et services ne répondent pas aux besoins de tout le monde et plutôt que d'essayer de rejoindre tous les types de clientèles, vous devez chercher à préciser et à vraiment cibler vos clients potentiels. Le résultat? Vos campagnes publicitaires sur le web ainsi que votre message deviendront beaucoup plus clairs et ciblés, au lieu d'être dilués afin de plaire à tout le monde.

Donc dans cette même optique, ce livre ne s'adresse pas à tout le monde.

Par exemple, si vous avez peur de l'internet, si vous ne voulez pas voir votre photo sur internet parce que vous craignez que votre identité ou vos informations soient partagées sans votre consentement, ce livre n'est probablement pas un bon choix pour vous. Vous devez accepter l'idée que le jour où vous placez quelque chose sur internet, vous perdez un certain contrôle relatif à sa diffusion.

Si vous êtes maladif quant à la sécurité de vos informations, l'internet n'est probablement pas pour vous non plus. Il y a bien sûr des précautions à prendre quand vous êtes en ligne, mais vous devez accepter qu'il y ait des chances que votre matériel, surtout s'il est de bonne qualité, soit partagé ou même parfois piraté.

Je donne toujours l'exemple à mes clients que si Hollywood, avec plusieurs millions de dollars de budget, n'arrive pas à protéger complètement les films face au piratage, vous devez au moins considérer que vous n'aurez probablement pas toujours les moyens de protéger votre contenu à 100%.

Comprenez-moi bien, je ne dis pas ici, que c'est acceptable de pirater. Je n'encourage pas du tout le piratage. Je dis seulement que c'est une possibilité que vous devez envisager si vous produisez du contenu en ligne et que vous devez être prêt à aller au-delà de ce risque.

> *Que celui qui n'a jamais téléchargé un mp3 ou un film sur internet se lève et jette la première pierre… !*

De toute façon, vous allez découvrir qu'une des plus importantes stratégies sur le web consiste à donner gratuitement certains de vos contenus ou vos connaissances. On reviendra sur ce sujet un peu plus tard.

Ce livre n'est pas approprié non plus pour ceux qui cherchent une pilule, un bouton magique sur lequel ils vont appuyer et espérer que soudainement l'argent va leur tomber du ciel. Ce livre n'offre pas une méthode du genre "devenez riche sur internet rapidement." Les stratégies de marketing offertes dans ce livre fonctionnent, mais elles demandent du temps et des efforts pour obtenir du succès. De toute façon, je ne saurais pas quoi vous dire si vous cherchez la pilule ou le bouton miracle car je n'y crois pas personnellement. Ou du moins, je ne l'ai pas encore trouvé ! Vous pouvez toujours m'écrire à support@alainpomerleau.com si jamais vous trouvez un bouton miracle. Par contre, je sais que les stratégies discutées dans ce livre fonctionnent quand elles sont exécutées correctement. Et je ferai de mon mieux pour vous montrer comment faire.

Dans ce même ordre d'idée, si vous avez une vision de l'internet comme étant un grand panneau publicitaire où vous allez innonder ou "spammer" tous ceux qui s'approchent de vous ou dont vous avez réussi à obtenir l'adresse de courriel, et bien si vous avez cette mentalité, ce livre n'est définitivement pas pour vous. Ce livre s'adresse à ceux qui veulent bâtir une relation basée sur le respect avec leur auditoire et non pas ceux qui cherchent à "spammer" ou à vendre n'importe quoi, peu importe la technique.

Plusieurs stratégies dans ce livre seront nouvelles pour la majorité des lecteurs, alors si vous êtes plutôt du genre à rester dans le statu-quo, à refuser d'évoluer et à préférer faire des "affaires" comme dans le bon vieux temps, alors ce livre ne vous sera pas d'une grande utilité. D'ailleurs, je serais étonné que vous lisiez ce livre si vous êtes de ce genre. Je n'ai rien contre ce type d'entrepreneurs, mais je sais très bien qu'ils ne font pas partie de mes clients potentiels. Donc désolé, mais ce livre n'est pas pour vous.

Mais si au contraire, vous êtes curieux quant aux nouvelles technologies, quant à l'utilisation de l'internet pour promouvoir et vendre vos produits et services et que vous êtes prêt à investir dans votre formation pour y arriver, ce livre répondra à vos attentes.

Et si jamais, vous ne trouvez pas dans ce livre, les réponses que vous cherchez, il y a plusieurs façons pour me contacter et me poser vos questions. Vous inscrire à la mise à jour et au bonus de ce livre est la façon la plus simple de rester à jour sur les stratégies de marketing sur internet qui fonctionnent :

AlainPomerleau.com/prochain-chapitre

Vous pouvez aussi m'écrire directement à l'adresse support@alainpomerleau.com

Il me fera plaisir de vous répondre et d'ailleurs, cela m'aidera à améliorer ce livre et à mieux répondre aux besoins précis de mes lecteurs. C'est une des raisons pour laquelle j'ai écrit ce livre…

QUI SUIS-JE POUR VOUS DIRE TOUT ÇA?

"La route n'a pas toujours été en ligne droite ou sans embûche… Mais quelle vue et ô combien formative !"

AlainPomerleau.com

Avant d'aller plus loin, pour ceux qui ne me connaissent pas encore, peut-être que vous vous demandez qui je suis. Ou pourquoi vous devriez prendre votre temps précieux pour m'écouter ou plutôt me lire ?

D'abord vous le savez déjà, je me nomme Alain Pomerleau. Mais ce que vous ne savez peut-être pas est que je suis aussi connu dans le milieu artistique comme l'artiste POM.

Au cours de ma carrière artistique, j'ai écrit et joué dans plusieurs pièces de théâtre, j'ai écrit et réalisé deux Opéras Rock, écrit plus de 100 chansons et produit un CD. J'ai aussi été metteur en scène et réalisateur de vidéos pour l'internet.

J'ai donné des cours d'écriture dramatique et mon premier livre "Best-seller" traite de la création artistique. Il s'intitule: "COMMENT DEVENIR LA VEDETTE D'UNE VIDÉO SUR LE WEB : Du confort de votre maison - Selon votre horaire - Aucune expérience requise. Le guide essentiel pour vous faire remarquer sur le net."

Je suis entrepreneur et le fondateur/propriétaire d'une maison de production (THESPIAN Services artistiques) qui gère mes projets artistiques ainsi que ceux de ma business.

En résumé, je suis dans le "Show" aussi bien que dans la "Business !"

Je suis présent sur l'internet depuis 1992. Disons que je me considère un peu comme Obélix en ce qui concerne l'internet, c'est-à-dire que je suis tombé dedans quand le médium était tout jeune.

En 1996, je produisais mon premier Opéra Rock (un musical) qui s'intitulait VIA le NET. Le spectacle racontait l'histoire d'un individu qui découvrait l'internet et en devenait accro. En fait, ça a été, d'une certaine façon, mon histoire depuis ce temps-là. Comme vous voyez, je n'ai jamais débarqué de l'internet depuis ces années-là et j'ai toujours cherché à développer les opportunités qui s'y offraient.

En 1999, je co-réalisais en collaboration avec Radio-Canada, une deuxième production de l'Opéra Rock, VIA le NET. Mais cette fois-ci, nous avons diffusé le spectacle "live", c'est à dire en direct, sur internet. C'était parmis les tous premiers évènements que Radio-Canada diffusait en direct sur internet, c'est-à-dire, simultanément à partir de ces studios à la planète entière.

C'était tellement avant-gardiste à l'époque, qu'il devait y avoir seulement deux personnes sur la planète avec une bande passante suffisante pour voir le spectacle sans que l'écran ne fige à l'occasion. Par contre, l'expérience d'être en direct sur internet, partout sur la planète, en fut une géniale !

À partir de ce moment-là, j'étais accroché à ce nouveau médium et comme artiste et créateur, j'ai réalisé que l'internet nous offrait des opportunités nouvelles et sans borne.

C'est la même chose aujourd'hui, mais tout est maintenant plus facile. On peut rejoindre des gens partout sur la planète et avoir des interactions avec des personnes qui sans l'internet seraient impossibles à rejoindre. C'est la même chose pour les affaires.

Vous pouvez maintenant offrir vos produits ou services à des gens que vous ne rencontrerez possiblement jamais en personne car elles sont, entre autres, trop éloignées.

Durant les 20 dernières années, je me suis passionné à découvrir les diverses possibilités qu'offrait l'internet et j'ai créé plusieurs projets artistiques en ligne.

Mais comme j'ai aussi une formation universitaire en administration, j'appliquais aux entreprises tout ce que j'apprenais comme artiste. Durant toutes ces années, ce que j'apprenais ou que j'essayais comme artiste sur la "toile", je le proposais ensuite à mes clients pour leurs entreprises.

Par exemple, j'ai appris il y a longtemps, comment créer des sites web pour mes projets artistiques, alors j'offrais les mêmes services à mes clients.

Dès que l'internet est devenu suffisamment puissant pour diffuser des vidéos, j'ai commencé à offrir la création de vidéos sur le web à mes clients.

Par contre, la route n'a pas toujours été en ligne droite ou sans embûche. Ce que je n'ai pas très bien réussi au cours de ces années, c'était de promouvoir mes produits et services. Je pensais comme plusieurs d'entre vous que c'était suffisant d'avoir un bon produit. Que si je créais le meilleur produit possible, tout le monde se pointerait pour l'avoir !

Oh que je me suis trompé !

Après plusieurs années d'essais et erreurs, je peux vous dire avec certitude que ça ne marche pas comme ça. J'ai passé des heures innombrables à perfectionner mon produit pour l'internet. On a beau offrir un bon produit ou service, si personne ne sait qu'il existe, personne ne va le consommer, personne ne va l'acheter et surtout, personne ne va en profiter.

Ça peut paraitre évident, mais quand on est engagé à fond

dans la création de notre produit, de notre entreprise, dans la gestion au quotidien, parfois il nous manque une perspective ou un certain recul pour voir tout ça.

J'ai donc pendant plusieurs années créé divers services ou produits sur internet sans rejoindre autant de gens que je voulais. La plupart du temps, les gens aimaient ce que je produisais. Ce n'était pas ça le problème. Le problème était plutôt que trop peu de gens étaient au courant que mes créations et mes services existaient.

Puis un jour, ça m'a frappé. Il y avait quelque chose qui ne fonctionnait pas. Ce jour-là, j'ai regardé certaines statistiques de mes pages web. (C'était bien avant que je sache tout ce que je vais vous enseigner dans ce livre). J'avais, entre autres, sur une page - 8 chansons que les internautes pouvaient écouter ou télécharger gratuitement. (Au moins, j'avais réalisé assez tôt que la meilleure façon de se faire connaître sur internet était d'offrir quelque chose de gratuit).

Tout ce que je voulais à ce moment était que le site devienne populaire et que les chansons soient connues. Et je me disais que le reste viendrait "tout seul" ou du moins la notoriété s'imposerait et que les gens reviendraient sur mon site pour continuer la découverte, acheter mes créations et peut-être même m'engager !

C'était beaucoup trop vague.

En quelques mois, les 8 chansons avaient été écoutées ou téléchargées 8767 fois au total. Mais comme je n'avais pas de stratégie ou d'appel à l'action précis, je n'avais accumulé aucune adresse de courriel en échange de mes gratuités. Donc, il m'était impossible d'initier une conversation avec les gens qui écoutaient ou téléchargeaient mes chansons.

Imaginez, malgré les 8767 écoutes et téléchargements, je n'avais pas accumulé une seule adresse !

Ils sont venus, ils ont écoutés ou téléchargés et sont repartis et je n'avais aucune idée qui ils étaient. Je n'avais aucun moyen de rejoindre mes "fans".

Plus de 8000 téléchargements en quelques mois, mais trop peu de fans et surtout aucune stratégie concrète pour promouvoir et vendre mes créations et mes services en ligne. C'est à ce moment-là que j'ai réalisé qu'il fallait absolument que je change ma façon de faire si je voulais profiter davantage des opportunités, si je voulais gagner de l'argent avec mon activité sur internet plutôt qu'en dépenser.

Cette journée-là, j'ai pris la décision de tout faire pour apprendre SPÉCIFIQUEMENT comment promouvoir et vendre mes créations, mes projets à un plus grand nombre de personnes. J'ai alors décidé de volontairement me mettre à la "diète créative" en arrêtant la création artistique et en arrêtant de créer des nouveaux produits. J'ai aussi choisi d'aller étudier comment faire de la promotion sur internet et comment vendre ses produits et services sur internet. Bref, comment on fait de l'argent avec son expertise en ligne.

Pendant 3 ans, j'ai dépensé plus de 20 000$ en formation de toute sorte, pour apprendre tout ce que je pouvais sur les meilleures méthodes de marketing sur le web. Je suis allé étudier avec les meilleurs marketer dans ce domaine, des gens comme Jeff Walker, le créateur du fameux programme de lancement de produit en ligne; Mike Koenigs, qui a fait des millions avec la webdiffusion en direct; Brendon Burchard, qui est l'expert qui enseigne aux experts; Russell Brunson, qui a créé un système efficace pour automatiser les ventes sur internet; Andy Jenkins et Mike Filsaime, qui sont probablement les meilleurs utilisateurs de vidéo pour le marketing ainsi que Pam Hendrickson, qui a, entre autres, travaillé pendant 15 ans avec Tony Robbins et bien d'autres…

Dans les années 90, j'ai découvert ce que l'internet pouvait offrir comme opportunité à titre d'artiste et maintenant j'ai découvert le potentiel du côté "business". Je me suis donc mis au travail en appliquant tout ce que j'avais appris auprès des "kings" de l'internet. Et très rapidement, j'ai connu de bons résultats.

Pendant les deux dernières années, j'ai réussi à écrire et autopublier deux livres qui sont devenus "Best-seller", dont un est "Best-seller" international. Des livres qui sont présentement vendus sur Amazon, la plus importante plateforme de vente en ligne. Mes livres sont disponibles en format numérique ainsi qu'en version papier. Ceux-ci sont imprimés uniquement quand les gens les achètent, ce qui veut dire qu'aucun inventaire n'est requis.

J'aide maintenant des clients à écrire et publier leur propre livre en moins de 90 jours, avec une formation en ligne ou un service clé en main. J'ai doublé mon taux horaire de consultant grâce à mes nouvelles compétences de marketing sur internet en français.

Vous pensez qu'internet sert uniquement à vendre des produits virtuels ? J'ai récemment vendu un piano pour un client, d'une valeur de 13,000 $ en 86 secondes avec une seule vidéo en ligne. J'ai aussi aidé des clients à passer de néophite ou invisible en ligne, à se retrouver en quelques semaines avec un système de vente qui fait la promotion de leur expertise en ligne de façon automatique. Mes clients acquièrent maintenant des nouveaux prospects de façon constante en faisant, entre autres, de la publicité sur Facebook à raison de 1 $ à 10 $ de publicité par jour. Et tout ça est rendu possible avec un simple site internet contenant 4 pages bien ciblées qui leur permettent de promouvoir leur service.

Je fais aussi des campagnes de publicité sur Facebook, pour moi-même et mes clients, qui dans certains cas ont permis d'acquérir des nouveaux clients potentiels pour aussi peu que 11 cents. J'offre encore des gratuités sur internet, tout comme avant, mais cette fois-ci, je m'assure de le faire en échange de l'adresse courriel des gens intéressés pour ainsi entamer une conversation avec eux.

Grâce à ce que j'ai appris, j'ai maintenant des produits numériques que je peux vendre 24 heures sur 24, à partir d'un système de vente automatisé.

Ces nouvelles stratégies m'ont également inspiré un produit digital unique en son genre: le Scénario à numéros.

Etc, etc, etc…

Maintenant, ma plus grande difficulté n'est pas de promouvoir ou de vendre sur internet, mais plutôt que les journées ne sont pas assez longues pour accomplir tout ce que je veux faire et pour appliquer ces nouvelles stratégies de marketing.

Un des aspects que j'ai découvert en étudiant toutes ces stratégies de marketing innovatrices est qu'elles sont toutes enseignées en anglais. Effectivement, le marché anglophone étant beaucoup plus important, il est normal qu'il y ait plus de gens qui cherchent à innover ou à créer leur produit en anglais puisqu'il y a un plus grand potentiel de vente. Et justement, à cause de la langue, tous les autres marchés trainent un peu de la patte.

Et naturellement, après toutes ces années à étudier en anglais, à apprendre, tester et utiliser ces nouvelles stratégies, le désir de partager ce que j'apprenais avec les entrepreneurs francophones a grandi en moi. Je veux qu'ils puissent, eux aussi, utiliser ces méthodes et ces stratégies de marketing pour rejoindre plus de clients potentiels en automatisant leur système de vente afin qu'ils puissent vendre davantage et faire connaitre leur expertise ou leur service au monde entier…

J'espère donc qu'un des résultats de ce livre sera de changer un peu la donne, en enseignant au marché francophone, ces stratégies de marketing sur internet. C'est d'ailleurs une des raisons pour laquelle j'ai écrit ce livre…

J'AI VU, JE L'AI VÉCU ET MAINTENANT, JE VOUS LE PARTAGE...
Ou pourquoi ce livre?

"Dans ma vie, je carbure à la passion. J'ai 3 passions qui occupent la majorité de mon temps. Et comme tout grand passionné, j'aime partager ma passion avec le plus de gens possible. Surtout quand je suis convaincu que cela peut aider les autres…"

AlainPomerleau.com

Avez-vous déjà couru une heure ou plus?

Je cours depuis plus de 35 ans au moment d'écrire ces pages. C'est une passion pour moi. Je recharge mes batteries quand je vais courir. Je dis souvent à la blague que mes "running shoes" et mes vêtements de course sont tellement habitués d'aller courir que les rares journées où je n'ai pas envie d'y aller (5 - 6 jours par année), je les envoie courir un 10 km tout seul. Ils connaissent le chemin par coeur !

Tout ça pour vous dire que je carbure à la passion. Mes 3 principales passions sont : la course, la création et enfin l'internet. Et voici comment ça se passe, je vais courir, donc je fais vivre ma première passion, puis les endorphines prennent la relève (la drogue naturelle des coureurs), ce qui me permet de laisser vaguer mon imagination: mon esprit crée. Je retourne à la maison et j'écris, ce qui déclenche ma deuxième passion.

Et trois quarts du temps, c'est au sujet de l'internet, ma troisième passion. Ce qui m'amène au sujet de ce livre…

J'ai été dans le show-business plus de 25 ans. Le premier Opéra Rock que j'ai créé racontait l'histoire d'un homme qui découvrait l'internet et qui est demeuré accroché, c'est-à-dire dépendant, de ce médium. J'ai créé l'Opéra Rock qui s'intitule VIA le NET en 1995, au tout début de l'internet. Et je dois avouer que c'est un peu devenu l'histoire de ma vie, car toute la recherche que j'ai dû faire pour écrire le spectacle m'a rendu très familier avec ce médium et je n'ai pas cessé de l'explorer depuis et d'y découvrir plusieurs opportunités.

L'internet est rapidement devenu une autre de mes passions. Car ce médium est un des rares endroits où une personne avec des idées et un peu de travail, même avec un budget limité, peut rejoindre la planète entière et diffuser son message à tous ceux et celles qui veulent l'entendre, peu importe où ils vivent. C'est une opportunité qui offre un énorme potentiel quand vous avez quelque chose à dire ou que vous voulez faire connaître un service ou produit que vous avez à offrir. Bien sûr, vous réalisez le potentiel de ce médium sinon vous ne seriez pas en train de lire ce livre.

La difficulté, par contre, est que pour y arriver et profiter des opportunités que nous offre l'internet, ce n'est pas toujours aussi simple que ça. Il y a peu de livres ou de formations en français pour vous enseigner comment faire. Il y a également peu d'exemples de personnes qui ont du succès avec ces strategies car ce type d'entrepreneurship sur internet est encore assez jeune.

Mais c'est possible. L'opportunité est là et disponible à ceux qui veulent l'exploiter. Ce n'est pas un bouton magique que l'on pousse, mais c'est de plus en plus simple si on sait comment s'y prendre. Et c'est exactement la raison pour laquelle j'ai écrit ce livre: **pour vous aider à profiter des opportunités que vous offre l'internet.** Plus précisément, quand vient le temps de promouvoir ou vendre en ligne…

Quand j'ai commencé dans ce domaine, ce que je trouvais le plus difficile était d'avoir des informations incomplètes, ici et là, sans jamais avoir une vue d'ensemble du processus de promotion et de vente. J'aurais aimé avoir un survol de tout ce qui était possible ou de tout ce que je devais savoir pour planifier mon approche. Bref, comment éviter de perdre temps et argent dans toutes sortes de stratégies de marketing.

C'est, entre autres, pour combler ce manque que j'ai écrit ce livre. Pour vous donner une vue d'ensemble et ainsi vous éviter de perdre à votre tour toutes ces heures, tout cet argent comme j'ai dû dépenser pour me former. J'ai écrit ce livre pour éviter que vous ayez à "réinventer la roue" à votre tour et à avoir à passer à travers les mêmes essais-erreurs.

En résumé, j'ai écrit ce livre pour partager avec vous, ma passion, en espérant que vous puissiez, vous aussi, y voir tout le potentiel de ce médium. J'espère que les stratégies de marketing enseignées dans ce livre vous permettront de diffuser votre message et faire connaître votre expertise au plus grand nombre de personnes possible et que vous puissiez promouvoir et vendre vos produits ou services de façon efficace sur internet.

Mon souhait le plus grand avec ce livre est qu'il vous aide à vous servir de l'internet pour atteindre vos objectifs. Car, comme vous allez découvrir dans le chapitre suivant, il y a beaucoup d'avantages à se servir de ce médium pour votre entreprise...

LES AVANTAGES DE VENDRE SUR INTERNET

"L'internet est encore un peu comme le Far West. Il y a beaucoup à défricher. Le potentiel est immense, mais il faut avoir un côté visionnaire plutôt qu'être adepte du statu quo…"

AlainPomerleau.com

Il y a plusieurs avantages à utiliser l'internet pour promouvoir votre message ou vendre vos produits et services. En voici quelques-uns :

Automatiser certaines tâches
Un des avantages de vendre sur internet est que vous pouvez automatiser une grande partie de votre travail, que ce soit les envois de courriel avec un autorépondeur ou votre "funnel de vente" avec un outil comme ClickFunnels.

Liberté
Travailler sur internet vous donne aussi une grande liberté. Vous travaillez selon votre propre horaire, ce qui vous permet de passer plus de temps avec votre famille, par exemple.

Prenons un exemple: une de vos tâches hebdomadaires est de publier du contenu sur votre blogue ou en vidéo. Vous pouvez facilement en une seule journée, produire 2 ou 3 semaines de contenus à l'avance, les télécharger en ligne et planifier leur publication à l'heure et à la date que vous désirez, même si vous êtes en vacance à l'extérieur.

Facile et peu coûteux de démarrer une entreprise

Il est plus facile et plus simple de démarrer une entreprise sur internet et ainsi devenir votre propre patron. L'investissement initial est limité et vous pouvez même le faire à temps partiel. Évidemment, votre entreprise évoluera selon les efforts que vous y apporterez et à votre vitesse d'exécution.

Selon le type d'entreprise que vous démarrez, il est possible d'y travailler seulement quelques heures par jour ou même à temps partiel au début, si vous le désirez.

Votre territoire est la planète

Un autre avantage: il est possible d'élargir votre marché à la planète entière, surtout si vous offrez un produit digital, comme nous verrons un peu plus loin. L'internet vous donne l'avantage de travailler ou de servir des clients, que sans ce médium, vous n'auriez jamais pu rejoindre. Par exemple, quelqu'un vivant dans un endroit isolé, loin de votre lieu d'entreprise. Selon le type de services que vous offrez, il est même possible de faire de la consultation personnalisée, avec Skype par exemple, ou à l'aide de webconférences (qu'on verra aussi un peu plus loin dans le livre).

Accessible partout, en tout temps

En utilisant l'internet pour diffuser votre message ou pour proposer vos services, vous aurez accès à une diffusion élargie. Avec les sites internet devenant de plus en plus adaptés pour les téléphones intelligents et les tablettes numériques, votre message devient accessible partout et en tout temps.

Publicité ciblée et peu coûteuse

L'internet vous permet aussi de faire de la publicité extrêmement ciblée et très peu coûteuse. Nous allons voir dans le chapitre intitulé : Ingrédient #6 - Inviter, que selon la façon dont vous vous y prenez pour faire votre publicité, avec Facebook par exemple, celle-ci ne sera plus considérée comme une dépense, mais plutôt comme un investissement.

Création de votre plateforme

Un des plus importants avantages, que la majorité des gens ne réalisent pas initialement, est que l'internet nous permet d'avoir notre propre plateforme. Concrètement, cela veut dire qu'on n'a plus besoin d'attendre qu'un grand réseau de communication nous donne la permission de diffuser notre expertise. On est donc en contrôle de notre message et du moyen que l'on souhaite utiliser pour le partager.

Par exemple, ayant été un artiste créateur pendant plus de 25 ans, j'ai toujours dû présenter mon travail à un directeur artistique, à un gérant de salle ou à un éditeur plûtot qu'aller directement vers mon public.

Je devais convaincre quelqu'un d'investir temps et argent dans mon projet. Je devais avoir les bons contacts pour rencontrer les bonnes personnes qui allaient "m'ouvrir les portes" pour partager mon message.

Et la plupart du temps, quand un artiste présente un projet à un éventuel producteur, partenaire, compagnie de distribution ou quelques choses du genre (un "middle man"), l'intérêt de ces derniers n'est pas toujours le même que celui du public (qui est l'équivalent des clients potentiels).

C'est là que l'internet présente un grand avantage. Car avec un minimum d'investissement, vous pouvez avoir votre propre plateforme. Par exemple, vous êtes en mesure de parler au monde entier, du moins à ceux qui sont intéressés par votre projet, peu importe où ils vivent. Vous pouvez, en un clic, rejoindre des centaines, des milliers ou possiblement même des millions de personnes.

Il est par exemple possible d'avoir l'équivalent de sa propre radio et diffuser ce que l'on veut avec un minimum d'investissement. Cette stratégie s'appelle un podcast. Et on n'a pas besoin de la permission de personne ou d'une radio existante pour utiliser ce moyen de diffusion. On a seulement besoin d'avoir un public (ou d'en créer un sur mesure) qui est intéressé par ce qu'on a à dire ou à partager.

On peut même avoir l'équivalent de sa propre station de télévision et présenter ses informations chaque jour, de la formation 24 heures sur 24 si on veut. **Commencez-vous à imaginer tout le potentiel que présente le développement de votre propre plateforme ?**

Il faut bien sûr avoir quelque chose à dire, quelque chose d'intelligent, de valeur à présenter, mais habituellement si vous avez une entreprise qui répond à un besoin, c'est le cas.

Tout le monde devient un média
De nos jours, tout le monde peut publier ses écrits, ses formations, sa poésie, son expertise.

Il n'y a pas si longtemps, un artiste ou une personne qui souhaitait voir publier son oeuvre ou son travail devait dépenser des milliers de dollars et passer des centaines d'heures à essayer de convaincre une maison d'édition d'investir.

J'ai dans mes archives, des centaines de demandes refusées qui témoignent que ce processus pouvait rapidement devenir frustrant et décourageant. J'ai reçu, souvent après quelques mois d'attente, une lettre "standard" qui m'informait que mes écrits ne correspondaient pas avec la vision "artistique" de la maison d'édition et, surtout, de ne pas hésiter à leur soumettre ma prochaine création. Il était difficile et complexe de trouver une maison d'édition et surtout d'en trouver une qui allait me permettre de publier ce que je voulais.

Aujourd'hui, je peux m'auto-publier, en ignorant complètement le "middle-man" qui me dit ce que le public veut ou ne veut pas. Je peux publier ce que je désire et apprendre directement de mon public si ce dernier est intéressé par ce que je lui propose. Je peux ainsi m'ajuster, offrir autant de produits que je veux et évoluer.

Il faut comprendre que ce processus ne se fait pas en poussant sur un bouton, mais ce qui importe ici c'est de savoir que C'EST MAINTENANT RENDU POSSIBLE. Et je peux vous montrer comment…

Ce livre en est l'exemple parfait. Ce que vous lisez présentement n'a pas passé par l'ancienne méthode. J'ai décidé d'écrire et de publier tout ce que j'ai appris au cours des 20 dernières années et plus particulièrement les 3 ou 4 dernières années à étudier les plus grands succès de marketing sur internet. Justement, grâce à ce médium, j'ai la possibilité d'écrire un livre pour partager mon expertise avec vous. Et ce n'est pas un employé d'une maison d'édition "établie" qui va décider si je peux ou ne peux pas le faire. Ce sont mes lecteurs, c'est-à-dire VOUS, qui allez décidez si mon matériel a de la valeur. Et cela va se faire le plus simplement du monde, en achetant mon livre et mes services, si vous êtes intéressés à ce que j'ai à offrir. C'est la loi du libre marché.

De cette façon, j'ai l'heure juste, car vous me ferez savoir si cela répond à vos besoins. Et je ne dépendrai pas d'un "middle-man" qui de sa tour d'argent, peut dicter mon avenir en jugeant ce que je propose.

C'est ça le pouvoir d'avoir sa propre plateforme. En apprenant à vous servir de l'internet, en récoltant les adresses courriel de vos clients et de vos "fans", en bâtissant votre liste de diffusion, vous pouvez parler directement à votre audience, à vos clients potentiels et avoir un "feedback" direct quant aux services, à l'offre ou au produit que vous leur proposez. Et votre plateforme grandit avec vous, au fur et à mesure que vous rejoignez plus de gens.

Finalement, quand on discutera des produits numériques et de la formation en ligne, on verra qu'il est possible de bâtir sa propre plateforme en proposant son expertise à la planète entière. Ce qui veut dire, en d'autres mots, gagner sa vie avec sa passion.

Voilà quelques-uns des avantages que vous offre l'internet.

Mais vous comprendrez qu'il existe aussi des inconvénients ou des obstacles..

- Vous devez être responsable. Si vous devenez votre patron, c'est plus compliqué de se plaindre ou de porter un blâme si ça ne fonctionne pas.
- Réussir sur internet demande de la discipline et surtout d'être constant dans ses efforts.
- Il y a peu de formations disponibles pour découvrir comment s'y prendre afin de vendre et de promouvoir sur internet, surtout en français. Ce livre est un des moyens que je vous propose pour remédier à ce problème.
  On trouve de tout et n'importe quoi sur internet donc il faut se méfier des escrocs ou faux prophètes.
- Il peut être difficile de faire le tri entre les bons et les mauvais conseils. Les choses changent rapidement alors il faut des informations bien à jour pour éviter les pertes de temps ou les erreurs qui risquent de se produire si vous n'avez personne pour vous diriger ou vous guider.
  Cette façon de faire est assez récente ce qui veut dire qu'il n'y a pas de chemin idéal déjà tout tracé.
- L'internet contient une quantité phénoménale d'informations, alors il peut être difficile de s'y retrouver.
- D'où l'importance de profiter d'un survol des stratégies de marketing possibles et efficaces qui fonctionnent aujourd'hui. Ce livre et la formation en ligne "L'internet, s'y retrouver, en profiter" que j'offre, existent pour remédier à ces obstacles.

Soyez assurés que les avantages dépassent largement les quelques obstacles que vous pouvez rencontrer. D'ailleurs la prochaine partie du livre vous permettra de mieux comprendre le médium et d'apprendre comment l'utiliser efficacement. Pour simplifier l'approche, je compare le marketing sur internet à une recette et je vais vous enseigner les 6 ingrédients essentiels que vous devez utiliser pour promouvoir et vendre efficacement vos produits et services (et dans quel ordre). Les prochains chapitres vont vous présenter ces 6 ingrédients…

SECTION 2

Les 6 ingrédients essentiels pour promouvoir et vendre sur internet

LA RECETTE - LES 6 INGRÉDIENTS ESSENTIELS

"Je passe mon temps à faire ce que je ne sais pas faire, pour apprendre à le faire." — Pablo Picasso

Pour réussir sur internet, vous devez comprendre comment le médium fonctionne. Pour vous aider, j'ai comparé la réussite à une recette. Vous devez tout d'abord avoir 6 ingrédients essentiels et vous devez les utiliser dans un ordre précis. C'est la meilleure façon de réussir votre recette, c'est-à-dire réussir à vendre ou à promouvoir efficacement sur internet. Dans les chapitres qui vont suivre, j'irai en détail sur chacun des ingrédients essentiels.

Tout comme une recette de cuisine, vous pouvez varier un peu les instructions, mettre un peu plus d'épices ici, un peu moins de sucre là, etc. Mais au tout début ou lors de votre premier essai, il est préférable de suivre la recette le plus près possible. C'est aussi ce que je vous conseille ici. J'ai passé des années à étudier et essayer différents outils, concepts et stratégies afin de comprendre ce qui fonctionne le mieux . Vous pouvez utiliser mon expérience et sauver du temps en appliquant la recette que je vous suggère dans ce livre.

Quand je dis qu'il faut comprendre comment l'internet fonctionne, ce que je veux dire, c'est que le médium a sa propre culture, sa propre façon de fonctionner. Par exemple, les adresses courriel que vos clients vous échangent sur vos pages web contre une gratuité et bien, vous devez traiter ces informations avec grand respect. Si quelqu'un décide de vous laisser son prénom et son adresse courriel, vous devez en prendre soin, car cette personne a décidé en quelque sorte de vous faire confiance et de commencer "une relation" avec vous ou votre compagnie.

Comme dans la vraie vie, les gens ne veulent pas être traités comme des numéros, alors considérez ces adresses courriel comme des VRAIES personnes. Il y a une personne derrière cette adresse , quelqu'un qui vous lit à l'autre bout. Alors, vous devez traiter ces adresses courriel comme des personnes, comme vous feriez avec des clients qui entrent dans votre magasin ou votre bureau.

Il est vrai que dans certains cas, des gens vont donner une fausse adresse courriel ou un faux nom pour recevoir une gratuité. C'est justement parce qu'ils ont peur d'être importunés ou ils n'ont pas encore confiance en vous pour vous donner leur vrai nom. Mais si vous les traitez avec respect et que vous bâtissez une relation solide, à travers laquelle ils reçoivent de la valeur via cet échange, ils vont vous lire et éventuellement vous faire confiance. De toute façon, nous verrons plus loin que ceux qui ne sont pas prêts à échanger leur prénom et leur adresse courriel, ne seront probablement pas vos clients de toute façon et qu'il vaut mieux mettre vos efforts vers ceux qui sont intéressés par ce que vous offrez.

Une autre façon de profiter du médium si vous le connaissez bien est d'utiliser ses forces tout en compensant pour ses faiblesses. Il est évidemment plus difficile de connecter avec les gens en ligne qu'en personne. On peut donc ajuster notre approche en essayant d'humaniser notre présence. Le plus simple pour bâtir un lien de confiance est de présenter les vraies personnes qui sont derrière la compagnie. Un excellent moyen pour y parvenir est d'utiliser la vidéo afin que les visiteurs puissent mettre un visage sur l'entreprise.

Par exemple, si je visite le site d'un chiropraticien pour la première fois, je me demande de quoi il a l'air... Il y a bien sûr une description et du texte sur le site, mais quand on voit le spécialiste en vidéo, cela nous permet de voir le non verbal, entre autres, de s'habituer à lui, de voir s'il a l'air honnête, compétent, facile d'approche, professionnel. Plusieurs de ces aspects non-verbaux peuvent être perçus à travers une vidéo et peuvent aider à humaniser un site internet. Ces indices peuvent aider à stimuler ou encourager l'internaute, le client potentiel, à passer à l'action et prendre un premier rendez-vous, par exemple ou une consultation gratuite qui est offerte sur le site. On verra avec le deuxième ingrédient essentiel, comment on peut stimuler le premier pas du client potentiel vers un essai de nos services.

Mais avant d'aller dans les détails, je vous nomme ici les éléments essentiels pour avoir une vue d'ensemble. Voilà donc les 6 ingrédients essentiels que vous devez avoir pour réussir à promouvoir et vendre sur internet de façon efficace. Et surtout dans quel ordre vous devez les utiliser :

Ingrédient #1 - S'établir
Ingrédient #2 - Rencontrer
Ingrédient #3 - Communiquer
Ingrédient #4 - Offrir
Ingrédient #5 - Automatiser
Ingrédient #6 - Inviter

Chacun de ces ingrédients a sa raison d'être et ensemble, ils forment un tout. Les chapitres suivants vont vous les présenter en détail et vont surtout expliquer comment utiliser ces stratégies pour rendre vos efforts sur internet les plus efficaces.

Regardons ensemble le premier ingrédient essentiel :

INGRÉDIENT #1 - S'ÉTABLIR

"Comment vas-tu savoir que tu es arrivé, que tu as accompli ce que tu voulais, si tu ne sais pas tout d'abord où tu veux aller, ce que tu veux accomplir ?
L'adresse de taxi
AlainPomerleau.com

S'établir - décider ce que vous voulez accomplir avec vos efforts ou vos démarches sur internet.

Habituellement quand les gens pensent à promouvoir ou vendre leurs produits et services en ligne, ils pensent à créer un site internet.

C'est effectivement une façon logique, mais avant de s'embarquer dans la création d'un site web, il faut planifier un peu, pour que vos efforts donnent les résultats escomptés. Autrement dit, avant de commencer, il faut décider où vous voulez aller. Quel est votre objectif principal ?

Ce qui nous amène au premier élément essentiel, que j'ai appelé "S'ÉTABLIR". Vous devez d'abord vous établir en ligne. C'est-à-dire, vous devez créer une présence. Mais pour réussir cette première étape, vous devez d'abord répondre à la question : qu'est-ce que vous voulez accomplir sur internet ?

Ça n'a pas besoin d'être compliqué, mais cela doit être fait, pensé et décidé. Ça peut être aussi simple que d'avoir l'intention de vendre vos produits directement dans une boutique en ligne par exemple. Ou ce que vous voulez est plutôt d'inviter les gens à venir dans votre magasin, car même cet objectif peut être accompli par vos efforts sur le web.

Peut être souhaitez-vous former vos clients potentiels à l'aide de vidéo sur les services ou produits que vous offrez. Donc pas nécessairement de vendre directement, mais plutôt de sensibiliser ou d'éduquer vos clients potentiels face à ce que vous offrez avant de leur proposer vos services.

Ou vous pouvez avoir comme objectif d'être reconnu comme l'expert dans votre domaine. Pour ainsi devenir la personne ou l'entreprise de référence dans votre marché.

Chacun de ces objectifs demandera une approche différente. C'est pourquoi il est important de déterminer ce que vous voulez accomplir. Ainsi, le chemin pour vous y rendre sera d'autant plus simple et direct.

Donc votre premier effort, avant même de bâtir un site internet, un magasin en ligne, un "funnel de vente" (que l'on va définir plus loin), est de préciser ce que vous voulez accomplir avec vos efforts sur internet.

Pour vous aider, j'ai noté ici quelques-unes des raisons qui reviennent quand on veut se servir de l'internet pour promouvoir ou vendre nos produits et services.

- Est-ce que vous voulez vendre directement vos produits et services sur internet?
- Est-ce que vous cherchez à diffuser un message en particulier ?
- Est-ce que vous voulez inciter les gens à vous appeler ?
- À visiter votre magasin qui a pignon sur rue ?
- Aider vos clients potentiels à en connaitre davantage sur vos services ou votre expertise, en leur offrant votre nouveau livre "Best-Seller" publié sur Amazon, par exemple.
- Peut-être, voulez-vous leur proposer des trucs à l'aide de

vidéo pour vous établir comme LA référence dans votre domaine.

- Donner un échantillon gratuit pour faire découvrir vos produits.
- Sensibiliser les gens à vos services.
- Etc…

Il vous faut donc décider ce que vous voulez accomplir et **surtout ne pas tomber dans le piège** d'essayer d'atteindre tous ces objectifs en même temps. Car essayer de tout offrir en même temps, c'est la meilleure recette pour échouer sur internet.

Et tout comme la cuisine, il y a un ordre pour utiliser les ingrédients. Vous ne pouvez pas tous les mettre dans le plat en même temps. Donc une fois que vous avez précisé votre objectif, vous êtes prêts pour le deuxième élément essentiel pour promouvoir et vendre sur internet, que j'ai intitulé : RENCONTRER ou la première rencontre. Et c'est exactement ce qui est discuté en détail dans le prochain chapitre…

INGRÉDIENT #2 - RENCONTRER

"On dira ce qu'on voudra, la première fois, c'est la meilleure…"
Extrait de la chanson "La première fois"
Alain Pomerleau (alias l'artiste POM)

Une première rencontre sur internet peut facilement se comparer à une première rencontre dans la vraie vie. Imaginez-vous quelques instants à une fête de bureau ou dans un café où vous rencontrez pour la première fois une personne qui vous plait. Si lors de cette première rencontre, alors que vous ne la connaissez pas encore, vous proposez à cette personne de vous marier parce que vous êtes génial et que vous êtes la personne idéale pour elle et que vous parlez continuellement que de vous, il y a de fortes chances que cette personne n'accepte pas votre proposition et qu'elle se sauve parce que vous lui donnez la chair de poule par votre comportement bizarre.

Si vous voulez mettre toutes les chances de votre côté, vous allez d'abord lui parler, vous intéresser à elle, vous rendre utile et intéressant. Vous allez lui donner l'occasion de vous connaitre, d'apprendre à vous faire confiance, de vous apprécier et de découvrir votre valeur avant de passer à la demande en mariage. Vous allez vous rapprocher de cette personne graduellement, étape par étape et non pas lors de la première rencontre.

C'est la même chose qui se passe en ligne et malheureusement peu d'entrepreneurs respectent cette approche quand vient le temps de se présenter et de parler de leur produit ou service. Ils veulent vendre leur produits et services avant même que l'internaute n'apprenne à les connaître. Ils vont beaucoup trop vite. Alors, oublions le mariage lors de la première rencontre et retournons à notre recette.

RENCONTRER est le deuxième ingrédient essentiel pour réussir votre recette quand vient le temps de promouvoir et vendre sur internet. Et cette première rencontre est très importante. Dans ce chapitre, je vais discuter surtout de la façon de rencontrer des internautes qui ne vous connaissent pas ou très peu.

Pour bien réussir cette rencontre, vous devez considérer ces 4 points :
- Lieu de rencontre
- Objectif : acquérir leur adresse courriel
- Donner avant de demander
- Quel type de gratuité offrir

Lieu de rencontre
Le premier point à considérer pour que cette rencontre se passe bien, il faut penser au lieu de rencontre. C'est-à-dire que vous devez choisir un endroit propice à rencontrer ces nouveaux visiteurs, vos clients potentiels ou même ceux déjà existants.

Les deux endroits principaux pour faire des rencontres sur internet sont votre site internet et les réseaux sociaux. La principale différence entre les deux endroits est que votre site web vous appartient, c'est donc votre plateforme et vous y êtes maître à bord. Vous pouvez donc gérer et contrôler l'endroit comme il vous plait. Tandis que les réseaux sociaux, bien qu'ils soient faciles à utiliser pour diffuser un message ou informer les gens qui vous suivent de vos plus récents développements, cet endroit ne vous appartient pas. Vous êtes dépendant de la plateforme et de ses règlements.

Dans le premier cas, si vous décidez d'utiliser votre propre site pour rencontrer les internautes, il y a plusieurs variations possibles. Vous pouvez créer un site web plus ou moins élaboré, construit selon l'objectif que vous avez déterminé avec le premier élément essentiel. Sachez que de nos jours quelques pages web suffisent amplement pour promouvoir et vendre des produits et services. Nous pourrons élaborer sur ce point quand viendra le temps de parler du "funnel de vente" dans l'élément essentiel #5 - Automatiser.

Si vous avez déjà un site web, vous devrez peut-être l'adapter pour répondre aux objectifs décidés lors du premier élément. Ou vous pourrez créer quelques pages à l'intérieur du site existant qui répondront directement à cet objectif.

Une autre option qui s'offre à vous est de créer un tout nouveau site pour atteindre l'objectif déterminé avec le premier élément essentiel. Il existe plusieurs façons de créer rapidement un site qui répondra à vos besoins. Surtout s'ils ont été bien précisés auparavant. Vous pouvez, entre autres, utiliser Wordpress dont on discutera dans le chapitre au sujet de la communication ou des outils qui vous permettent d'automatiser complètement votre "funnel de vente" (que l'on verra au chapitre sur l'ingrédient #5)

Un des problèmes que je vois souvent sur internet est que les compagnies (ou entrepreneurs) se servent de leur site web comme un grand panneau publicitaire où ils ne font que vanter leurs produits et services sans jamais considérer le visiteur. On verra dans le chapitre sur la communication que notre objectif est plutôt de centrer la discussion vers le visiteur et ses besoins. L'idéal est d'offrir quelque chose d'utile plutôt que seulement parler de nous et nos produits. Vous ne voulez pas être l'équivalent de la personne que tout le monde fuit dans un party parce qu'elle ne parle que d'elle-même et de ses qualités.

La rencontre peut donc se faire sur votre site web ou sur les réseaux sociaux. Il y a de plus en plus de réseaux sociaux où vous pouvez rencontrer des nouveaux internautes, diffuser votre message, offrir des conseils, parler de vos produits et services, etc. Les plus importants étant Facebook, YouTube (oui, YouTube fait partie des réseaux sociaux avec un avantage non négligeable que l'on verra un peu plus loin), Linkedin, Twitter.

Ces réseaux sociaux ont une grande importance pour votre présence en ligne. Mais je vais discuter ici de l'importance de les utiliser avec une approche "affaires" et non pas personnelle. Par exemple, il y a beaucoup, beaucoup, beaucoup (est-ce que j'ai dit beaucoup ?) de gens qui utilisent Facebook. Les dernières statistiques évaluent à plus de 1.5 milliard d'utilisateurs mais la grande majorité de ceux-ci le font que d'une façon personnelle et non pas avec des objectifs d'affaires.

Comme vous le savez probablement, il est possible d'avoir un profil personnel sur Facebook en plus d'une page pour votre business. Il est possible d'utiliser Facebook pour votre entreprise (entre autres en utilisant leurs outils de publicité très ciblée dont nous allons discuter dans le chapitre "Inviter") sans jamais utiliser ou mettre à jour votre page personnelle. Donc soyons clair ici, quand je vais discuter des réseaux sociaux dans ce livre, c'est uniquement d'un point de vue affaires.

Peu importe les réseaux sociaux que vous utilisez, Facebook, YouTube, Linkedin et Twitter étant les plus importants, l'approche sera semblable. L'idée sera de susciter l'intérêt, offrir quelque chose qui a de la valeur pour ceux qui vous suivent avec l'objectif de les attirer sur votre site internet afin d'acquérir leur adresse courriel. De cette façon, les gens qui vous suivent et qui sont intéressés à vos services ou vos produits feront partie de votre plateforme.

Comme vous avez compris, l'idée ici est de ramener les visiteurs, clients potentiels sur votre site internet, sur VOTRE PLATEFORME, pour être en contrôle de ce que vous leur offrez et de la façon que vous l'offrez. Car il faut comprendre que même si les réseaux sociaux sont des outils intéressants à utiliser pour votre marketing sur internet, vous devez garder en tête que la plateforme du réseau social ne vous appartient pas et les règles peuvent être modifiées n'importe quand. Votre compte pourrait même être fermé du jour au lendemain, sans préavis, si vous ne respectez pas LEURS RÈGLES. Sans compter que sur la plupart des réseaux, votre message est très éphémère.

S'ajoute à cela, si on prend l'exemple de Facebook, la réalité qu'à peine 10% des gens qui ont aimé votre page Facebook (fans) verront vos nouveaux articles sur leur mur. Pour augmenter ce chiffre vous devrez faire la promotion de vos articles en payant de la publicité. Voici pourquoi il est préférable d'obtenir leur adresse courriel. Vous pouvez ainsi communiquer avec vos clients ou clients potentiels aussi souvent que vous le désirez, ou presque. Tout en respectant les nouvelles lois concernant l'envoi de courriel ("anti-spam"), qui sont plus sévères. Il n'est pas garanti que vos abonnés liront vos courriels, mais si vous vous y prenez bien et leur offrez du contenu qui leur apporte quelque chose, ils vont réciproquer en lisant vos messages et en cliquant sur vos liens.

Donc l'idée à retenir ici est que les réseaux sociaux sont excellents pour rejoindre plus de gens et pour diffuser votre message, mais vous devez garder en tête qu'il est primordial d'attirer les gens sur votre propre plateforme, pour avoir le contrôle et continuer la discussion avec eux selon vos termes.

Par exemple, si vous avez une page Facebook, qui est très dynamique, où vous publiez du contenu et des trucs ou des astuces reliés à votre expertise, offrez à vos visiteurs une gratuité auxquels ils pourront avoir accès en échange d'une adresse courriel. Il vous suffit d'insérer un lien qui les amènera sur une page de votre site où ils pourront s'inscrire pour recevoir gratuitement ce que vous leur avez promis. Ainsi vous aurez utilisé le réseau social pour offrir votre expertise et votre site internet pour acquérir leurs coordonnées.

À noter qu'il est maintenant possible d'acquérir les courriels à partir de votre page Facebook à partir de nouveaux outils spécialisés, mais c'est plus compliqué que de le faire sur votre site internet alors je vais garder ça pour une autre fois.

Que vous soyez à la rencontre de nouveaux internautes sur votre site internet, sur les réseaux sociaux ou encore mieux, en utilisant les deux plateformes, vous devez toujours avoir en tête un objectif : celui d'acquérir leur adresse courriel en échange d'une gratuité dans le but de bâtir votre liste de diffusion. Et vous allez découvrir, lorsqu'il sera temps d'envoyer du trafic vers vos offres, que la liste de diffusion est votre meilleur allié (ingrédient essentiel #6 - inviter).

Lors de cette première rencontre, votre premier objectif est donc d'acquérir une adresse courriel pour entamer ou continuer la conversation.

Une des raisons importantes d'acquérir l'adresse courriel lors d'une première visite est que les statistiques démontrent que la plus majorité des gens qui visitent un site internet n'y retourneront jamais. Alors il vaut mieux ne pas prendre de chance et profiter de toutes les opportunités pour entamer une conversation avec les gens qui sont intéressés par ce que l'on a à dire ou à offrir. Et on réussit à faire ça en échangeant leur adresse courriel avec quelque chose qui a une certaine valeur pour eux.

Il est à noter qu'une page web qui sert à acquérir les courriels s'appelle une "squeeze page". C'est une page qui a le seul objectif d'acquérir les adresses courriel des internautes en échange de quelque chose qui les intéresse. Donc vous offrez aux visiteurs quelque chose qu'ils désirent ou quelque chose qui aide à résoudre un problème qu'ils ont en échange de leurs coordonnées. Il faut noter ici que plus vous demanderez d'informations, moins les personnes risquent de s'inscrire. La plupart du temps on débute par l'adresse courriel et leur prénom. Dans certains cas on demande le numéro de portable afin d'envoyer un rappel pour un événement, par exemple, mais il est préférable de laisser ce champ optionnel. Gardez en tête que ces visiteurs ne vous connaissent pas encore beaucoup alors il est normal qu'ils soient méfiants. Vous feriez la même chose.

Et justement, une des stratégies pour bâtir la confiance ou pour démontrer comment vous pouvez les aider est de…

Donner avant de demander
Personne ne va vous offrir son adresse courriel ou ses coordonnées avant que vous ayez démontré comment vous pouvez leur être utile. Donc avant de demander ces informations à vos visiteurs, de leur demander d'acheter; ou parfois même avant d'avoir leur attention afin que vous puissiez parler de vos produits et services, vous devez leur donner un aperçu de ce que vous pouvez faire pour eux. Vous devez leur apporter quelque chose qui est important pour eux et non pas pour vous. Pour ainsi leur "prouver" que ça vaut la peine de prendre quelques instants de leur temps précieux pour vous écouter.

Ceci peut être accompli en partageant gratuitement votre expertise.

Leur donner de la valeur - Exemples de gratuité
Voici une liste non-exhaustive à considérer
- Vidéo tutoriel,
- Un livre (ex : mon livre),
- Un guide ou un rapport spécial,
- Un aide-mémoire,
- Une infographie,
- L'essai gratuit de votre logiciel (pour une période déterminée ou une version allégée),
- Un coupon,
- Un rabais en magasin,
- Un échantillon (ex : chocolat),
- Etc. (vous êtes limité que par votre imagination).

Par contre, il est important de souligner qu'offrir une infolettre en échange d'une adresse N'EST PLUS une motivation suffisante pour la majorité des visiteurs. Du moins pas une gratuité valable, à moins d'être une entreprise bien établie. La plupart des internautes s'imaginent qu'en s'inscrivant pour une infolettre, tout ce qu'ils vont recevoir sera de la publicité. Et personne ne veut recevoir plus de publicité. Peut-être que cela fonctionnait il y a 10 ans, mais plus maintenant. Et si vous ne me croyez pas, essayez-le sur votre site web et on s'en reparlera dans quelques semaines à savoir combien de gens se seront inscrits pour recevoir votre infolettre. Ou laissez-moi vous aidez à sauver du temps... Ça ne fonctionnera pas.

Ce que les visiteurs veulent, ce sont des solutions à leur problèmes, des trucs pour sauver du temps ou pour être plus efficace, gagner plus d'argent, améliorer leur sport, etc... Si vous avez une solution pour mon problème, offrez-moi 3 trucs pour le régler en sauvant du temps ou de l'argent et je vous donnerai volontiers mes coordonnées en échange de votre solution. En même temps, cela me permettra de vous découvrir si j'aime ce que vous avez à m'offrir. C'est une situation gagnante pour les deux parties.

Alors, résumons ce qu'on a appris jusqu'à présent. Vous devez d'abord vous ÉTABLIR, c'est-à-dire créer votre présence sur internet selon ce que vous voulez accomplir. C'est le premier ingrédient essentiel. Ensuite RENCONTRER les internautes est le deuxième ingrédient essentiel à ajouter à notre recette pour réussir à bien promouvoir et vendre.

Une fois que vous avez ces deux éléments, il est temps de rajouter le 3e ingrédient essentiel; vous devez COMMUNIQUER avec tout ce beau monde.

INGRÉDIENT #3 - COMMUNIQUER

Cela parait anodin, mais la façon dont vous communiquez sur internet est un des ingrédients les plus importants de l'équation sinon LE plus important.

"Quand vient le temps de l'internet, tout le monde est rivé sur son poste de radio préféré - WIIFM...(What's In It For Me?)"

Vous voilà rendu au troisième élément essentiel pour promouvoir et vendre sur internet que j'ai appelé; COMMUNIQUER.

Dans ce chapitre, je vais traiter des trois aspects de la communication en ligne qui m'apparaissent primordiaux pour réussir à faire passer votre message. D'abord, il y a la façon de communiquer, ensuite le contenu de votre message (donc ce que vous leur direz) et finalement les outils (les stratégies que vous pouvez utiliser pour le faire).

Vous verrez dans ce chapitre qu'il y a effectivement plusieurs raisons de communiquer avec vos clients existants ainsi qu'avec vos clients potentiels. Il y a aussi plusieurs outils ou stratégies que vous pouvez utiliser selon votre zone de confort et vos objectifs. Je vous en présenterai sept au total.

Idéalement, vous avez obtenu l'adresse courriel des gens

intéressés à vos produits et services en échange d'une gratuité, lors de votre première rencontre. Sinon, vous devez mettre tous les efforts possibles pour l'acquérir afin de pouvoir communiquer avec eux.

Vous devez toujours chercher à bâtir votre liste de diffusion. Cette liste qui contient toutes les adresses que vous aurez accumulées et que vous utiliserez pour communiquer avec ces personnes, qu'ils soient des prospects (des gens intéressés à ce que vous avez à partager) ou des clients existants.

Si vous avez besoin d'exemples ou d'idées pour acquérir les coordonnées de vos visiteurs, vous pouvez retourner voir le chapitre précédent, car les suggestions pour acquérir les informations sur vos visiteurs sont les mêmes que ce soit lors de la première rencontre ou lors des visites subséquentes. L'idée est de le faire le plus tôt possible afin d'entamer une conversation et de bâtir une relation avec ces visiteurs intéressés à vos produits ou services.

Mais avant de communiquer quoi que ce soit en ligne (en écrit, en vidéo ou en audio), vous devez TOUJOURS garder un aspect super important en tête, c'est que les gens sont tous branchés à la même station de radio, la WIIFM.

WIIFM est un acronyme en anglais qui veut dire; "What's in it for me?" Qui peut se traduire comme: "qu'est-ce qu'il y a pour moi ici?" Les gens regardent ou écoutent ce que vous dites avec un filtre. Ils veulent savoir très rapidement comment ils vont bénéficier en vous écoutant, qu'est-ce que ça leur rapporte, pourquoi devraient-ils prendre de leur précieux temps pour vous écouter. En sachant cette règle d'or et surtout en la respectant, vous allez pouvoir communiquer avec vos visiteurs en leur offrant ce qu'ils veulent, ce dont ils ont besoin, ce qui les intéresse. Donc avant d'écrire quoi que ce soit ou même de filmer une vidéo pour vos clients, alignez toujours la conversation vers l'auditeur, vers les avantages pour eux plutôt que vers vos besoins ou intérêts.

Concrètement, cela veut dire que vous ne parlez pas en terme de l'incroyable produit que vous avez créé pour eux en nommant tous les détails spécifiques du produit, mais vous parlez plutôt des avantages, des bénéfices que votre produit procure à votre client. Comment votre solution va régler leur problème. Par exemple, vous ne leur offrez pas une chaussure de course en 3 couleurs différentes qui pèsent seulement 12 grammes, mais plutôt vous leur présentez une chaussure tellement légère qu'ils ne s'apercevront pas qu'ils la portent, ce qui aura comme effet de garder leur jambe fraiche et d'enlever des minutes sur leur temps de compétition.

Si dans toutes vos communications, vous avez une conversation qui est basée sur vos interlocuteurs plutôt que sur vos intérêts, les gens seront beaucoup plus intéressés à vous suivre, car ils découvriront entre autres, des solutions à leurs problèmes.

Une autre erreur à ne pas faire est d'écrire ou de communiquer avec vos clients seulement quand vous avez quelque chose à leur vendre. C'est une des raisons pour laquelle les gens ne s'inscrivent plus pour des infolettres. Parce qu'ils savent que la plupart du temps, celles-ci ne sont que des publicités à peine déguisées.

Alors si vous ne leur écrivez pas pour vendre vos produits ou services, pour quelles raisons voudriez-vous communiquer avec eux ? C'est simple, vous communiquez avec vos clients existants et potentiels pour les informer, les former. Pour partager votre expertise…

Quoi leur dire - Le contenu - qu'est-ce que vous communiquez

Voici quelques-unes des raisons ou des opportunités que vous pouvez utiliser pour communiquer avec vos clients sur internet :

- Pour leur donner des trucs. Vous êtes l'expert, vous avez probablement plein de trucs que vous pouvez partager avec vos clients qui ont un lien direct ou indirect avec vos produits ou services. Par exemple, si vous êtes dans le domaine de la course à pied, cela peut être des conseils pour bien se chausser l'hiver.

- Des tutoriels éducatifs. Cela peut-être une vidéo ou un article sur un blogue qui enseigne comment utiliser un logiciel, par exemple. Dans mon cas, je pourrais faire une vidéo expliquant comment utiliser votre Iphone et Google docs pour enregistrer les articles pour votre blogue plutôt que de les écrire avec un clavier.

- Vous pouvez également considérer faire une entrevue avec quelqu'un dans votre domaine et de la partager sur votre site et sur les réseaux sociaux. Cela peut être une entrevue vidéo que vous pouvez convertir en article pour ceux qui préfèrent lire. (La version écrite aide également votre site à être trouvé par les moteurs de recherches, tel Google et Bing.)

- Vous pouvez communiquer avec vos clients pour sonder leur opinion sur certains services. Ou les questionner sur leur problèmes ou difficultés relatifs à l'utilisation de tels produits ou activités. Par exemple : Vous pourriez leur demander quelle est leur plus grande difficulté quand vient le temps de courir l'hiver. Et selon les réponses que vous recevrez, cela vous guidera vers le prochain produit ou service à créer ou à améliorer pour les aider à résoudre leur problème. Cela vous donnera aussi des idées pour d'autres sujets (d'autres contenus) pour continuer à communiquer avec eux.

- Bien sûr, vous pouvez et devriez communiquer vos offres de produits et services. Il n'est pas interdit de le faire sur internet, mais c'est important de doser vos envois et d'avoir un certain équilibre education vs vente. Si vous présentez continuellement du contenu de qualité, vos lecteurs seront plus propices à regarder vos offres et de réciproquer quand viendra le temps d'acheter vos produits, surtout s'ils répondent à un besoin.

- Dans vos communications, vous pouvez aussi faire une revue de certains outils, produits ou services que vous utilisez dans votre domaine en soulignant les aspects positifs et négatifs de chacun afin d'éclairer les gens dans leur choix. Par exemple, puisque je fais de la vidéo sur internet depuis longtemps, je pourrais faire une évaluation "review" des meilleures caméras à se procurer avec une section "meilleurs rapports qualité/prix". Dans le chapitre sur l'ingrédient #4 - Offrir, je vous enseignerai comment vous pourriez recevoir une commission en vendant des produits qui ne sont pas les vôtres.

- Vous pourriez également répondre aux questions qui reviennent régulièrement dans votre domaine. Par exemple, on me demande souvent quel genre de site web devrais-je créer. Alors je pourrais écrire un article sur mon blogue, ou enregistrer une vidéo, sur les différents types de sites.

Tout le contenu que vous publiez sert à former vos clients et à partager avec eux votre expertise. Cela vous aide à être perçu comme une autorité dans votre domaine et le jour où vos clients ont besoin d'un service ou d'un produit lié à votre expertise, c'est à vous qu'ils vont penser en premier. Vous aurez établi un lien de confiance en les formant et les informant.

Si vous communiquez régulièrement et offrez un contenu de qualité, il y a une plus grande probabilité que les gens sur votre liste répondent à vos envois entre autres, en achetant les produits que vous leur proposerez.

Publier du contenu est grandement bénéfique au référencement de votre site internet sur les moteurs de recherche. Si vous publiez du contenu régulièrement sur votre blogue ou site web et que ces articles sont de qualités, que les gens réagissent en offrant des commentaires, en posant des questions ou en partageant votre contenu, Google vous récompensera. Vous obtiendrez un meilleur référencement dans les résultats de recherche, ce qui veut dire que vous avez plus de chance d'apparaître sur la première page de Google.

Plusieurs stratégies et outils sont disponibles pour livrer votre message, éduquer vos clients potentiels et vendre vos produits ou services en ligne.

Les moyens de communiquer sur internet

- Le moyen le plus fréquemment utilisé pour communiquer est définitivement le courriel.
- Une autre façon de communiquer est par vidéos.
- Vous pouvez également communiquer par podcast, c'est-à-dire par audio seulement.
- Vous pouvez utiliser le blogue, donc communiquer à travers l'écrit.
- Ou mieux encore en utilisant un livre qui devient votre représentant, 24 heures sur 24, 7 jours par semaine.
- Vous pouvez également communiquer en utilisant le webinaire ou la webdiffusion en direct.

Au cours des prochains chapitres, je vais alterner entre le terme outil et stratégie pour parler de ces 7 outils/stratégies de communication. Ils sont à la portée de tous et de plus en plus populaires. Ils vous permettent de communiquer efficacement avec votre public ou clients potentiels. Sachez que vous n'avez pas besoin de les utiliser tous en même temps ou dans un certain ordre. Vous pouvez commencer par celui qui vous est le plus confortable ou qui est le plus naturel pour vous. Mais d'abord, explorons ensemble chacune de ces stratégies de marketing afin de comprendre comment elles peuvent vous aider à communiquer avec vos clients potentiels ou existants…

PAR COURRIEL

Le courriel est définitivement la stratégie la plus utilisée pour communiquer avec vos clients existants ou potentiels.

Nous verrons un peu plus loin que vous pouvez utiliser la vidéo, le blogue, le podcast, la webconférence ou même un livre pour communiquer avec vos visiteurs, mais tous ces médiums peuvent aussi être combinés dans un message courriel (en insérant des liens vers vos vidéos, blogue, podcast, etc.).

Une infolettre peut aussi être envoyée par courriel. Même si j'ai mentionné auparavant que la promesse d'envoyer une infolettre n'était plus une raison suffisante, à elle-même, pour obtenir une adresse courriel, cela ne veut pas dire que vous ne pouvez pas utiliser ce médium pour communiquer avec vos clients. C'est un bon outil si vous l'utilisez pour offrir du contenu intéressant, plutôt qu'envoyer uniquement de la publicité.

Certains se demandent pourquoi on a besoin d'utiliser le courriel quand on a accès à tous les réseaux sociaux pour diffuser ses messages. La réponse courte est que les réseaux sociaux, ne vous offrent pas un contrôle de distribution aussi précis qu'avec votre propre liste d'adresses courriels (aussi appelé votre liste de diffusion).

Plusieurs compagnies utilisent la plateforme Facebook pour communiquer avec leurs clients. Ce que les entrepreneurs doivent comprendre c'est qu'en utilisant cette plateforme, ils rejoignent très peu de gens qui se sont inscrits sur leur page. Il y a quelques années, si quelqu'un aimait votre page Facebook et qu'ensuite vous ajoutiez quelque chose sur votre page, tous ceux qui avaient "aimé" votre page recevaient une notification sur leur compte. Mais ce temps est bien dépassé, car maintenant, quand vous publiez un message sur Facebook, il rejoint moins de 10% des gens qui se sont inscrits à votre page. Facebook veut vous encourager à acheter de la publicité pour offrir plus de visibilité à vos messages. Donc tous les efforts de marketing pour avoir des gens qui "aiment" votre page ont maintenant un impact négligeable (autre qu'un certain statut social) puisque les abonnés ne sont pas informés quand vous publiez quelque chose de nouveau.

C'est à cette réalité que je fais référence quand je dis qu'il est préférable d'amener les internautes sur votre plateforme, sur votre site web. Ainsi vous pouvez bâtir votre liste de diffusion et en garder le contrôle. Lorsque vous écrivez (par courriel) aux gens qui se sont volontairement inscrits sur votre liste de diffusion, la probabilité qu'ils reçoivent, ouvrent et lisent vos courriels est grandement augmentée.

D'abord, sachez que vous pouvez présenter du contenu à vos visiteurs même si vous n'avez pas leur coordonnées. Ceci se fait à travers un blogue, des vidéos sur YouTube, avec des épisodes de podcast, etc. Mais l'utilisation du courriel est encore un des moyens les plus efficaces pour diffuser du contenu à vos abonnés. Voilà pourquoi vous devez essayer d'acquérir le plus d'adresses courriel possible.

Il y a une expression en anglais qui dit : "The money is in the list", ce qui veut dire que vos revenus sont relatifs, en grande partie, à la taille de votre liste de diffusion. Lorsque vous faites une promotion en ligne, l'argent que vous allez faire est souvent lié au nombre d'abonnés sur votre liste, parce que ceux-ci vous connaissent déjà et sont les clients potentiels les plus aptes à consommer vos produits ou services. En cultivant cette relations avec du contenu de qualité, vous allez gagner du capital de confiance. C'est pour ça qu'à partir d'aujourd'hui, il est important que tous vos efforts de marketing servent à éduquer vos visiteurs et à **bâtir votre liste de diffusion**, continuellement.

Alors comment fait-on pour bâtir une liste de diffusion?

Une façon toute simple est lors de la vente d'un produit ou service. Vous pouvez tout simplement demander à vos clients de vous laisser leur adresse courriel (en magasin par exemple). Plusieurs vont acquiescer à votre demande, car ils ont déjà entamé une relation avec vous en décidant d'acheter de vous. Si vous vendez en ligne, il est primordial que vous leur demandiez leur adresse courriel, ne serait-ce que pour leur envoyer un reçu, un remerciement ou d'autres détails importants sur leur achat et bien sûr, pour continuer la conversation en leur offrant des trucs ou des conseils pour mieux profiter de leurs achats, par exemple.

Par contre, dans ce chapitre, je vais surtout m'attarder sur la façon d'acquérir les adresses de nouveaux prospects afin que vous puissiez les aider à passer de prospects à clients.

Comment acquérir les adresses courriel des visiteurs sur internet

Je vous ai parlé dans le chapitre précédent que l'on peut utiliser une "squeeze page", c'est-à-dire une page où le seul but est d'acquérir une adresse en échange d'une gratuité. Ce type de page vous permettra de trier vos visiteurs. Elle servira à attirer vos clients potentiels si votre gratuité est alignée avec ce que vous offrez. Si les visiteurs s'inscrivent pour la recevoir, cela veut dire qu'il y a un potentiel qu'ils soient intéressés dans vos autres services ou produits. Mais dans le même ordre d'idée, ce type de page aidera à repousser ceux qui ne sont pas intéressés par ce que vous offrez. Prenons l'exemple d'une "squeeze page" qui offre une gratuité pour aider les entrepreneurs à mieux utiliser la vidéo dans leur marketing. Si les visiteurs n'ont jamais utilisé la vidéo et ne sont pas intéressés à le faire, ils ne vont pas vous donner leur adresse courriel. Votre offre (votre gratuité) va les éloigner, car ils vont quitter votre page sans vous laisser leurs coordonnées. Ce qui, d'une certaine façon, vous évitera de perdre du temps avec des gens qui ne sont pas vos clients potentiels.

Il m'est arrivé une anecdote récemment où j'étais dans un déjeuner d'affaires avec d'autres entrepreneurs pour faire du réseautage. Il y avait à ma table un entrepreneur qui travaillait très fort à essayer de me convaincre de faire partie de l'association qui organise ces déjeuners-causeries. J'ai poliment refusé l'invitation en lui mentionnant que ce n'était pas pour moi. Je lui ai expliqué que je préférais utiliser l'internet pour faire mon réseautage en attirant mes clients potentiels (à l'aide d'une "squeeze page", par exemple). Comme mon interlocuteur était un fervent membre de cette association, il insistait à essayer de me convaincre de joindre l'association en me demandant comment j'allais faire connaitre mes services à un entrepreneur comme lui si je ne rencontre pas les gens face-à-face. Il a rajouté : "Comment vas-tu pouvoir publiciser tes services à un entrepreneur comme moi. Je n'utilise pas l'internet et je refuse de le faire. Je suis en business depuis 35 ans, soit bien avant l'internet". Sans le savoir, il s'était lui-même retiré de mon écran radar de marketing. Car, voyez-vous, je n'ai pas besoin de lui présenter mes services, il n'a aucun intérêt pour ce que je fais et n'est donc pas un client potentiel pour moi. Les outils que j'utilise en ligne me permettent justement, quand c'est bien fait, d'attirer mes clients potentiels et aussi de repousser ceux qui ne le sont pas pour m'éviter de perdre temps et argent, comme dans cet exemple.

Vous pouvez vous aussi profiter de cette approche pour sauver du temps.

En conclusion, une "squeeze page" (aussi appelé "landing page") vous aide à faire le tri des gens intéressés ou pas dans ce que vous avez à leur proposer puisque le visiteur n'a aucune autre option que de laisser son adresse courriel en échange de la gratuité ou de quitter la page.

Revoyons ici quelques exemples de gratuités que vous pouvez utiliser pour susciter l'intérêt de vos visiteurs, pour les encourager à vous donner leur informations. Bien sûr, vous n'avez pas à les utiliser tous et rien ne vous empêche de faire des tests pour voir quel type vous donne les meilleurs résultats, c'est-à-dire le plus d'abonnements :

- Vidéo tutoriel.
- Une mini-formation en ligne.
- Un livre (ex : une copie d'un livre numérique)
- Un rapport ou un guide offrant trucs ou informations pertinentes liés à vos produits ou services.
- Un aide-mémoire (ex : infographie).
- L'essai gratuit de votre logiciel;
- Un coupon (ex : téléchargez gratuitement ce coupon vous donnant droit à un échantillon de nos trois chocolats, meilleurs vendeurs en magasin).
- Un rabais en magasin.
- Etc.

Vous pourrez bâtir votre liste de diffusion en offrant différentes gratuités en échange des coordonnées de vos visiteurs, peu importe la stratégie que vous utilisez pour communiquer avec eux. Par exemple, dans un article sur un blogue, vous pourriez avoir une bannière dans votre article qui propose une gratuité qui va plus en détail que l'article en question. Cette gratuité pourrait être un aide-mémoire ou une infographie, par exemple, qui aidera le lecteur à mieux utiliser les techniques de l'article.

Une autre façon de bâtir votre liste est de proposer une de ces gratuités sur la page principale de votre site web. Pour être le plus efficace possible, vous utilisez la gratuité qui risque d'intéresser le plus grand nombre de visiteurs et idéalement, vous devez l'offrir dans le premier tiers de votre page principale, c'est-à-dire dans la partie qu'on voit immédiatement quand on visite votre site. Vous allez ainsi vous assurez que le visiteur voit votre offre (la gratuité), car même s'il ne visionne pas toute la page il verra ce que vous offrez.

Il est aussi possible d'utiliser des outils qui vous permettent d'incorporer différentes boîtes pour obtenir vos gratuités sur les pages secondaires ou sur les articles de votre site. On appele communément ces boîtes "optins". Voici différents types d'optins qui sont disponibles pour offrir aux visiteurs une gratuité en échange de leur adresse courriel (et parfois leur prénom). Mais je dois avouer que c'est plutôt le genre d'outils que vous devez voir pour en réaliser l'efficacité. Une image vaut mille mots et encore plus une vidéo!

- Bannière - la plus standard du groupe, c'est une bannière statique qui peut se trouver n'importe où sur votre page.
- Bande annonce qui demeure tout en haut de votre page web.
- "Popup" - une fenêtre s'ouvre à l'écran quelques secondes après votre visite sur une page ou après avoir atteint un endroit spécifique.
- "Exit popup" - une fenêtre qui apparait à l'écran quand vous tentez de quitter la page).
- Bande en bas - une bannière en bas dans le pied de page.

Permettez-moi d'utiliser ici la même stratégie que je vous mentionne dans ce chapitre pour démontrer visuellement ces différents types "d'optins" dans le contexte d'une page web. Si vous vous rendez au lien suivant; AlainPomerleau.com/prochain-chapitre vous pourrez vous inscrire à divers bonus et mises-à-jour que j'offre à mes lecteurs, dont une vidéo qui vous illustre tous les différents types "d'optin" que vous pouvez utiliser sur votre site.

Pour ce qui est de l'envoi des messages et des gratuités, il y a un outil fantastique pour vous aider, l'autorépondeur. Cet outil vous permet d'automatiser l'envoi de courriels pour que vous n'ayez pas besoin d'écrire le même message à chaque fois que vous avez un nouvel abonné ou client. Nous parlerons un peu plus tard de cet outil, quand je vous présenterai le 5ième ingrédient essentiel - Automatiser. L'autorépondeur vous permettra également de gérer votre liste de diffusion, d'automatiser la collecte des adresses et préparer des sequences d'envois.

Quand vous envoyez des courriels, vous devez vous rappeler

ces aspects importants:

- Traitez les adresses courriel que vous avez accumulées avec un grand respect. Il y a des personnes derrière ces adresses. Vous ne devez surtout pas partager ces adresses.
- Écrivez en ciblant la conversation vers eux plutôt que seulement parler de vous et de vos produits. Rappelez-vous que chacun veut savoir ce que ça leur rapporte tout ça.
- Toujours créer une option simple pour permettre aux gens inscrits sur votre liste de se désabonner. Il y a des lois de plus en plus sévères au Canada et aux États-Unis pour la distribution de courriels. Vous ne voulez surtout pas "spammer" les gens. S'ils ne désirent plus être sur votre liste, c'est correct. Il est préférable de mettre vos efforts vers ceux qui sont intéressés à vos messages.
- Si vous envoyez des messages manuellement à un certain groupe de personnes, il est important de cacher les adresses des récipiendaires en utilisant le champ BCC (Blind Carbon Copy) plutôt que CC (Carbon Copy) pour les adresses. Pour éviter ce problème, il est encore mieux d'utiliser un autorépondeur (voir l'ingrédient #5 - Automatiser).

Lorsque que vous aurez des personnes inscrites sur votre liste, vous pourrez commencer à envoyer des messages à intervalles réguliers. Encore une fois, rappelez-vous que le contenu que vous envoyez devrait servir à informer les gens sur vos nouveautés, partager votre expertise et aider vos lecteurs en suggérant des trucs, des conseils ou des découvertes. Vous gardez ainsi contact avec les gens qui sont intéressés par vos messages en alternant entre vos contenus et vos offres promotionelles (que l'on verra avec l'ingrédient essentiel #4 - OFFRIR).

Mais auparavant, regardons une autre façon de communiquer avec les internautes, le blogue…

PAR BLOGUE

Une autre outil simple pour communiquer avec vos clients ou clients potentiels afin de leur offrir du contenu lié à votre expertise est en utilisant un blogue.

D'abord, définissons le blogue pour ceux qui ne sont pas familiers avec ce terme. Le blogue est un site internet (ou une section d'un site) qui se construit au fur et à mesure que vous publiez des articles à la manière d'un journal. Ces articles, aussi appelés billets ou "post" en anglais, peuvent être commentés (si vous décidez de permettre les commentaires) par les lecteurs, ce qui les rend plus interactifs et parfois même communautaires. Les articles publiés sur un blogue apparaissent habituellement du plus récent au plus ancien.

Pourquoi créer un blogue?

Pour les mêmes motifs que les autres stratégies de communication sur internet. Le blogue est une stratégie que vous pouvez utiliser pour diffuser régulièrement du contenu aux gens qui sont intéressés à en apprendre plus au sujet de votre expertise ou domaine dans laquelle oeuvre votre entreprise. Le blogue peut servir à informer vos clients sur les derniers développement de votre entreprise. Il peut faire partie d'une stratégie efficace pour partager votre expertise à travers divers articles que vous publiez. Le blogue est un excellent moyen pour vous aider à être perçu comme une autorité dans votre domaine. Vous pouvez même écrire un livre à l'aide d'un blogue où celui-ci évolue au fur et à mesure que des articles sont ajoutés au blogue. Cette approche permet à vos lecteurs d'interagir en posant des questions ou en partageant des suggestions.

Le blogue devient un endroit où vous partagez des nouvelles, certains aspects intéressants de votre entreprise ou des informations connexes afin de poursuivre la conversation avec vos clients. Et si vous vous en servez pour aider vos clients, ceux-ci se précipiteront pour lire vos prochains articles (posts).

Dans un article, vous pouvez bien sûr inclure du texte, en faire une mise en page pour le rendre intéressant et plus facile à lire, mais vous pouvez aussi insérer des liens vers d'autres articles de votre blogue (ou vers des offres de produits et services). Vous pouvez inclure des images dans pour aider à renforcer votre message. Vous pouvez même inclure des vidéos (d'un site tel YouTube), des fichiers audios ou un épisode de votre podcast, par exemple.

Pour ceux qui sont familiers avec Facebook, lorsque vous ajoutez quelque chose sur votre mur, les gens qui vous suivent (en fait, seulement un petit pourcentage) sont informés des nouveautés. Vous pouvez utiliser le blogue un peu de la même façon. Sur un blogue, les articles sont habituellement un peu plus travaillés que sur les réseaux sociaux où il est possible d'ajouter un simple commentaire sur ce que qui se passe. Une autre différence importante, c'est qu'un article publié sur votre site reste disponible sur une longue période de temps et aide avec votre référencement sur les moteurs de recherches, tel Google.

Le blogue est aussi un excellent endroit pour interagir avec vos lecteurs, pour leur poser des questions, sonder leur opinion, leur demander de suggérer leurs trucs et conseils relatifs à ce que vous venez de publier. Vous pouvez poser des questions à vos lecteurs et leur demander d'y répondre dans une section de commentaires que vous pouvez activer en bas des articles. Vous pourriez, par exemple, écrire un article sur les meilleurs trucs pour minimiser le temps de montage et d'édition d'une vidéo et à la fin de l'article, demander aux lecteurs de suggérer leurs propres trucs pour le montage d'une vidéo. L'idée ici est d'encourager les lecteurs à interagir avec vous, ce qui va aussi augmenter la probabilité qu'ils lisent vos prochains articles. Ils vont se sentir impliqués en participant à l'enrichissement de la conversation via leur commentaire.

Les articles sont automatiquement catalogués par mois de publication et vous pouvez aussi leur assigner différentes catégories afin de mieux les cataloguer ou trier. Par exemple, dans mon entreprise, j'ai un côté artistique et un autre côté business, je peux donc créer ces deux catégories dans mon blogue et choisir la catégorie appropriée lorsque je crée un nouvel article. Ainsi, lorsque les gens visitent mon site ou consultent un article dans la catégorie artistique (ou business), ils peuvent facilement voir tous les autres articles que j'ai publiés dans cette catégorie dans le passé.

Tout comme les autres communications sur le web, pensez à écrire vos articles en fonction du lecteur en offrant un contenu intéressant pour eux. Même quand vous écrivez au sujet d'une de vos expériences, celle-ci peut être adaptée en leçon qui pourra aider le lecteur en suggérant des pistes qui pourront prévenir les mêmes erreurs.

Il y a aussi un grand nombre de blogueurs qui se spécialisent dans la critique de produits et qui offrent dans leurs articles, un lien pour acheter les produits qu'ils ont jugés valables. Dans la plupart des cas, ils utilisent des liens d'affiliés, c'est-à-dire qu'ils vont recevoir une commission sur la vente des produits lorsque les gens cliquent sur leur lien et achètent le produit. C'est une façon couramment utilisée pour faire de l'argent sur internet. Nous regarderons cette stratégie plus en détail dans le chapitre sur l'ingrédient essentiel #4 - Offrir.

Pour déterminer si vous devriez utiliser le blogue pour communiquer avec les gens inscrits sur votre liste plutôt qu'une autre stratégie, cela dépend de vos préférences ou habiletés. Est-ce que l'écriture est un médium avec lequel vous êtes comfortable? Si vous préférez converser, le podcast ou la vidéo sera un bon médium. Vous aimez vous asseoir et mettre vos pensées par écrit? Le blogue est un excellent moyen de communication pour garder le lien avec vos contacts.

Cela dit, ce n'est pas parce que vous utilisez une stratégie que vous ne pouvez pas utiliser les autres. Une n'empêche pas l'autre.

Le blogue vous permet d'augmenter considérablement votre visibilité sur internet si vous publiez régulièrement. D'ailleurs être constant c'est-à-dire de publier des nouveaux articles régulièrement, est une qualité qui vous aidera à avoir un impact plus important. Sachez que les articles que vous publiez sur un blogue, vous aident à trouver des nouveaux client potentiels de façon organique (sans payer pour de la publicité). Comme j'ai mentionné auparavant, Google aime le contenu et favorise votre référencement si vous publiez régulièrement. Lorsque des internautes feront une recherche sur le sujet dans lequel vous avez publié un article, Google vous "récompensera" en présentant votre article dans ses résultats de recherche, ce qui permet d'attirer des nouveaux lecteurs sur votre site. Si dans vos articles ou ailleurs sur la page où est publié l'article, vous offrez aux lecteurs l'opportunité de s'inscrire sur votre liste en échange d'une gratuité, vous pourrez continuer la conversation avec eux et éventuellement les amener dans vos "funnels de vente".

Vous voyez pourquoi la publication régulière de contenu est une stratégie très importante pour faire connaitre votre entreprise ou vos offres et comment le blogue est un moyen qui peut vous aider dans cette voie.

Dans ce même ordre d'idée, vous pouvez aussi publier une vidéo qui offrira le même genre de résultat bénéfique pour votre entreprise qu'un article sur un blogue.

Une stratégie un peu plus élaborée est d'enregistrer une vidéo à l'aide du contenu de votre article ou vice versa. Vous pouvez enregistrer la vidéo d'abord et ensuite, vous servir de la transcription pour créer l'article pour votre blogue. Par la suite, vous pouvez écrire un courriel qui résume les points importants de l'article et de la vidéo en incluant une image tirée de la vidéo. Celle-ci deviendra un lien vers le blogue qui contient la vidéo et la version écrite de l'article. L'article n'a pas besoin d'être exactement, mot pour mot, l'équivalent de la vidéo. Cette stratégie vous permet d'offrir deux médiums différents pour consommer votre contenu, ce qui augmente vos chances d'être lû, écouté et apprécié. Chaque personne a ses préférences et vous les rejoignez avec leur médium favoris..

Vous pouvez également réutiliser l'article ou en faire un sommaire en le publiant dans vos réseaux sociaux, comme Facebook ou Linkedin, par exemple. Partagez ensuite un lien surTwitter. Pour mieux profiter de ces réseaux dans une stratégie globale, vous pouvez inclure un lien vers l'article complet sur votre site ou vers une gratuité qui ramèneront les internautes sur votre site dans le but d'acquérir leur adresse courriel.

Un nouvel article publié sur votre blogue vous offre une raison parfaite pour communiquer avec vos abonnés. Vous envoyez un message pour les informer que vous avez un nouvel article sur votre blogue, avec un lien qui les dirige à la page de l'article sur le blogue.

La grande majorité des blogues que vous voyez sur internet sont conçus avec la plateforme WORDPRESS qui est gratuite et qui vous permet de créer votre site web complet et d'y inclure un blogue. J'ai suggéré à plusieurs de mes clients de se tourner vers WORDPRESS pour créer leur site internet au cours des dernières années. C'est un outil relativement simple à apprendre pour la création de sites ou du moins pour les mises-à-jour. Ce que je leur propose habituellement est de créer la structure principale du site internet avec la page d'accueil et le blogue et ensuite, je leur enseigne comment faire eux-mêmes les changements, ou comment ajouter des articles sur leur blogue. C'est ce qui change le plus souvent sur un site.

J'ai d'ailleurs créé une formation en ligne que les gens peuvent suivre pour apprendre comment installer WORDPRESS et créer eux-mêmes leur site internet, leur blogue et comment en faire la mise à jour. Ce qui leur permet une grande flexibilité tout en économisant puisqu'ils entretiennent leur site eux-mêmes au lieu d'engager un designer ou un expert comme moi.

Pour en savoir plus sur la formation, vous n'avez qu'à vous rendre à cette adresse :
AlainPomerleau.com/creez-votre-site-internet

Jusqu'à présent, nous avons vu que nous pouvions communiquer par courriel, ainsi qu'en publiant des articles sur un blogue et nous allons continuer avec la stratégie qui est probablement la plus utilisée ces dernières années et qui ne fera que croître en popularité, j'ai nommé la VIDÉO…

PAR VIDÉO

"Toi et moi c'est l'amour, car ça clique"
Extrait de la chanson "Ça clique"
tiré de l'OPÉRA ROCK VIA le NET

L'utilisation de la vidéo sur internet de nos jours est absolument essentielle.
La vidéo a une importance indéniable sur internet et ça n'ira qu'en augmentant. L'impact remarquable de la vidéo s'explique par le fait qu'elle fait appel à plusieurs de nos sens. Soyons honnêtes, il y a moins d'effort requis pour regarder une vidéo que pour lire un article. La plupart d'entre nous aimons bien aussi être stimulés ou divertis par une bonne vidéo.

Si l'image vaut 1000 mots combien de mots pensez-vous que la vidéo représente?
Nous sommes un peu rendus comme les chiens de Pavlov. Lorsque qu'on voit un bouton "play" pour une vidéo, on clique pour l'écouter. Il y a même des statistiques qui démontrent que les gens ont plus tendance à ouvrir et cliquer sur les courriels lorsqu'on inclut l'image d'une vidéo sur laquelle on peut cliquer.

Quelques statistiques* entourant la vidéo sur internet:
78% des personnes regardent des vidéos en ligne chaque semaine. 55% des personnes regardent des vidéos en ligne chaque jour. La question importante n'est donc pas "est-ce que je devrais utiliser la vidéo dans mon entreprise?", mais plutôt, "est-ce que les gens regardent mes vidéos ou celles de mes compétiteurs?"

Les internautes passent plus de temps sur votre site quand celui-ci inclut des vidéos. Cela signifie qu'ils consomment davantage vos messages. Donc vous avez de meilleures chances de leur proposer ou vendre vos produits et services.

En 2015, 57% de l'activité sur internet provenait des internautes qui regardent des vidéos. En 2017, on prévoit que cette proportion grimpera à 69% et jusqu'à 79% en 2018.

Et si vous croyiez que toutes ces statistiques sont pour des vidéos de chats, détrompez-vous !

90% des gens qui regardent des vidéos sur des produits, trouvent que cela les aide dans leurs décisions d'achats.

75% des gestionnaires disent regarder des vidéos en rapport avec la business au moins une fois par semaine.

Une vidéo est aussi le médium par excellence pour raconter une histoire et nous sommes conditionnés depuis la naissance à consommer des histoires. Par exemple, au lieu de décrire "banalement" votre produit avec toutes ses fonctions, vous pourriez expliquer l'histoire derrière votre produit. Comment il a été réalisé, comment il a vu le jour; de l'inspiration à la réalisation du premier prototype, en expliquant tous les obstacles ou difficultés que vous avez surmontés pour enfin produire la première version qui connait maintenant un grand succès. Tout le monde apprécie une bonne histoire et on est particulièrement curieux d'avoir droit à un aperçu derrière le rideau. Rappelez-vous, la popularité des "making of" sur les DVDs. Que ce soit pour les bons coups autant que pour les échecs. C'est encore plus attirant si l'histoire se termine par un retournement et que vous avez enfin réussi après plusieurs tentatives. La vidéo, avec l'image, la narration, les interviews et la musique peut vraiment faire ressortir une histoire au point où les gens auront envie de la partager. Ce qui deviendra de la publicité gratuite et très efficace car d'autres personnes le font à votre place. Cela sert un peu comme les témoignages, c'est l'équivalent du bouche-à-oreille sur internet.

Donc la vidéo est le moyen par excellence pour communiquer avec vos clients potentiels ou existants. Elle vous aide également à vous faire découvrir par ceux qui ne vous connaissent pas encore. Et c'est un médium que les internautes partagent facilement sur les réseaux sociaux. Ainsi, vous avez la possibilité, avec une bonne vidéo intéressante et originale, qu'elle devienne virale.

Et on ne saurait parler de vidéo sur internet sans s'attarder sur YouTube.
YouTube vous permet d'héberger gratuitement tous vos vidéos. Et c'est définitivement l'outil le plus populaire et le plus facile d'utilisation pour insérer une vidéo sur votre site internet ou sur les réseaux sociaux. Même Facebook (un compétiteur) permet d'insérer une vidéo provenant de la plateforme YouTube, bien que Facebook préfère et favorise les vidéos qui sont directement téléchargés sur leur plateforme (entre autres, en les rendant visibles sur le mur d'un plus grand nombre d'abonnés).

Ne faites surtout pas l'erreur de penser que YouTube n'est bon que pour les vidéos de chatons, de personnes qui se cassent la gueule ou de gens qui chantent. La vidéo est utilisée pour plusieurs situations différentes. Que ce soit une vidéo tutoriel, pour présenter des conseils, pour inviter les gens à un webinaire, pour les remercier de s'être inscris sur notre site, pour présenter notre entreprise ou pour tout simplement se présenter, pour démontrer le fonctionnement de notre produit, pour donner notre avis sur un produit, pour faire des entrevues, pour diffuser une conférence sur le web, pour former nos employés, etc. La liste est sans fin… Si vous pouvez communiquer en personne, vous pouvez aussi vous filmer et partager à la planète entière, si telle est votre intention.

Vous vous souvenez quand je vous disais que YouTube faisait partie des réseaux sociaux avec un avantage particulier sur les autres. **C'est qu'en plus, YouTube est le deuxième plus important moteur de recherche sur internet.** Juste après

Google. D'ailleurs Google adore YouTube et ce dernier lui appartient.

Eh oui, YouTube appartient à Google, donc vous ne serez pas surpris d'apprendre que les vidéos hébergées et diffusées sur YouTube aident beaucoup le référencement de votre site internet. Si vous avez une vidéo qui répond à la recherche d'un internaute, Google va vous favoriser, car il aime bien présenter des vidéos dans les premières pages de résultats. Google sait bien que les gens préfèrent regarder des vidéos et les statistiques démontrent que lorsqu'on est sur la première page des résultats d'une recherche sur Google et que l'on a le choix entre regarder une vidéo ou lire un article sur le même sujet, la plupart du temps, c'est la vidéo qui est choisie. Donc il est primordial que vous utilisiez la vidéo dans votre marketing afin d'améliorer vos résultats de promotion et de vente.

Une des premières étapes que je vous conseille de faire après avoir créé un site web avec Wordpress est de créer votre compte YouTube. Ce service est un des plus importants sur internet et il est GRATUIT.

Quelques statistiques au sujet de YouTube:
- 1 milliard de personnes utilisent YouTube
- 4 milliards de vidéos regardés par jour
- De cela, déjà en 2013, 1 milliard des visionnements était fait sur des "mobiles"
- 6 milliards d'heures de vidéos regardés par mois
- 400 heures de vidéos ajoutées par minute
- Même sur Facebook, chaque minute, il y a l'équivalent de 323 jours de vidéos regardés…

Je me souviens la première fois que j'ai lu qu'il y a 400 heures de nouveaux vidéos chaque minute, j'ai dû m'arrêter deux secondes pour relire cette statistique. Comment peut-on ajouter 400 heures de vidéos en seulement 1 minute ? C'est qu'il y a des centaines de gens qui ajoutent leurs vidéos sur YouTube en même temps. Donc dans l'espace de 60 secondes, des gens ont mis sur leur chaine YouTube, l'équivalent de 400 heures de vidéos.

YouTube est la plateforme de vidéo la plus importante sur internet. Ignorer YouTube, c'est comme ignorer Google. Et pour avoir du succès sur internet, vous ne voulez pas faire ça.

La misconception sur YouTube est que les gens y vont seulement pour se divertir. C'est vrai qu'il y a un grand nombre de visiteurs qui veulent être divertis. Mais il y a aussi près de la moitié des gens qui se rendent sur YouTube pour être informé, pour trouver une solution à leur problème, que ce soit pour y trouver une vidéo du style " Comment faire soi-même une réparation" ou une vidéo qui fait la critique d'un nouveau produit ou une vidéo de formation quelconque, etc.

Et vous devez comprendre que même si vous placez vos vidéos sur YouTube, cela ne veut pas dire que vos vidéos seront visionnées sur YouTube. L'idée ici est encore d'emmener les gens vers votre blogue où vous avez inséré la vidéo qui est hébergée sur YouTube. YouTube sert d'hébergeur et vous facilite la vie, car elle sera accessible sur tous les appareils imaginables dans le format approprié. YouTube adapte votre vidéo selon le format nécessaire pour chacun des appareils ou navigateur utilisés. À mes débuts, c'était compliqué de diffuser une vidéo sur internet, car chaque logiciel utilise un différent encodage "codex" pour afficher la vidéo. C'était un cauchemar de convertir la vidéo finale en plusieurs formats. Maintenant YouTube rend ça extrêmement simple, car il s'occupe de tout cet aspect automatiquement. Et YouTube est le lecteur le plus reconnu sur la planète.

Il est aussi facile de regarder une vidéo sur votre téléphone intelligent que sur votre tablette ou ordinateur à la maison et 92% des gens qui regardent des vidéos sur leur téléphone intelligent les partagent.

Une vidéo ajoutée sur votre propre chaine YouTube aura l'avantage d'être retrouvée longtemps après avoir été mise en ligne et elle pourra être facilement partagée sur votre blogue ainsi que sur tous les réseaux sociaux.

Plusieurs des vidéos que vous regardez sur Facebook sont hébergées sur YouTube. Par contre, il y a certaines occasions où vous voulez insérer vos vidéos directement sur Facebook.

YouTube, contrairement à Facebook, vous permettra de faire une liste de tout ce que vous avez ajouté sur votre chaîne. Tandis qu'il est toujours plus difficile de retrouver un ancien "post" sur Facebook avec ou sans vidéo.

Comme marketer, il est beaucoup plus simple et efficace de se servir de YouTube pour diffuser vos vidéos. Ce service devrait être convenable pour la plupart de vos vidéos, surtout si vous souhaitez qu'elles soient vues par le plus grand nombre de gens possible. Il y a des options pour rendre vos vidéos "privées" et/ou "non listées", ce qui aidera à contrôler qui peut les visionner.

Lorsque vous aurez besoin d'un service d'hébergement sécurisé pour distribuer des formations en ligne, par exemple, il existe d'autres sites spécialisés qui vous aideront à protéger votre contenu contre le piratage et à contrôler l'accès. Des services comme Wistia ou Amazon S3 offrent divers plans pour héberger vos vidéos et les diffuser de façon plus sécuritaire.

C'est maintenant devenu relativement facile et peu dispendieux d'utiliser la vidéo dans les efforts de marketing. Il est possible de filmer des vidéos en haute définition avec un petit budget. Il y a à peine 10 ans, il fallait dépenser des milliers de dollars d'équipement et une équipe avec plusieurs personnes pour filmer et en faire le montage. De nos jours, c'est possible d'y parvenir avec un peu de formation et un investissement minime. Vous pouvez même vous filmer vous-même avec votre téléphone intelligent et avoir une vidéo de qualité impressionnante.

J'ai d'ailleurs écrit un livre "Best-seller" sur le sujet : "COMMENT

DEVENIR LA VEDETTE D'UNE VIDÉO SUR LE WEB - Du confort de votre maison - Selon votre horaire - Aucune expérience requise."

Dans ce livre, j'enseigne à des particuliers sans expérience, comment se filmer soi-même et j'offre la possibilité de m'envoyer leurs séquences (par le web, bien sûr) pour que j'en fasse un montage professionnel dans mes studios. Avec ce livre, j'offre une formation en ligne que j'appelle "SCÉNARIO À NUMÉROS" qui permet aux individus de découvrir le métier d'acteur à la maison. Toute la formation et le projet est en ligne, car je peux ainsi rejoindre plusieurs personnes qui ne sont pas dans les grands centres urbains et qui n'ont pas nécessairement les contacts pour faire du "cinéma" ou qui veulent essayer le métier d'acteur seulement comme "hobby". Donc pas besoin de déménager à Hollywood ;-)

Je vous présente cette information pour démontrer l'impact et le potentiel de la vidéo sur internet. Toutes ces opportunités sont rendues possibles grâce à la vidéo. Le livre me permet de présenter ces nouveaux concepts et la vidéo me permet de réaliser ce projet à distance avec des gens rencontrés sur internet. Même le résultat final de ce projet, qui est une vidéo que les participants reçoivent, est ensuite diffusée sur internet, entre autres, sur YouTube et dans les réseaux sociaux. Vous trouverez d'ailleurs, à la fin de ce livre, les liens pour vous procurer le livre ou pour avoir plus d'information sur ce projet. Vous connaissez peut-être quelqu'un qui a du talent et qui aimerait essayer le métier d'acteur. Pourquoi pas vous?

Dans le même ordre d'idée, je prépare également un autre livre (quand je n'écris pas celui-ci ;-) sur la façon d'utiliser la vidéo pour votre marketing. Car je crois, sans l'ombre d'un doute, que vous devez posséder, ou quelqu'un dans votre équipe, les habiletés nécessaires pour utiliser la vidéo dans la gestion et le marketing de votre entreprise et comme tout autre outil, c'est simple à apprendre quand vous êtes bien guidé. Vive la formation en ligne qui me permet de réaliser ceci avec plusieurs personnes à la fois (plus de détails dans le chapitre sur le produit digital).

Voici d'autres avantages liés à l'utilisation de la vidéo pour communiquer avec vos visiteurs :
- Ajoute de la crédibilité à votre site,
- Permet de personnaliser votre site. Les gens aiment voir qui est derrière (ou devant) une compagnie,
- Faire des démonstrations de vos produits ou services,
- Expliquer,
- Sensibiliser ou former vos clients sur vos produits et services,
- Permet de susciter l'enthousiasme de vos clients existants et potentiels avec une bande-annonce de votre prochain produit, par exemple,
- Permet d'expliquer des concepts plus compliqués,
- Permet de capter et partager les témoignages de vos clients satisfaits,
- Vous pouvez aussi répondre aux questions que les clients vous posent régulièrement et ainsi sauver du temps et accélérer le processus de vente.

Une tendance qui devient très populaire est la vidéo "live", où vous pouvez rejoindre votre public en direct. C'est un outil intéressant pour diffuser un événement, une formation ou une conférence ou tout simplement pour rester en contact avec votre public. Il y a plusieurs outils que vous pouvez utiliser pour diffuser en direct, les plus populaires étant: Facebook live, YouTube live, Périscope, Blab, Merkat, etc.

N'oubliez pas que les notions discutées au sujet de la communication avec vos clients s'appliquent encore ici. Les vidéos doivent être pensées en terme de votre public cible. Qu'est-ce que ça leur rapporte à eux. Si vous donnez du contenu de qualité, ils vont écouter et partager vos vidéos un peu partout.

Le prochain chapitre vous présentera une autre excellente façon de communiquer avec vos clients potentiels ou existants. Je sais que j'utilise le mot excellent à répétition, pour plusieurs des stratégies de marketing présentées dans ce livre, mais c'est parce que je suis convaincu que l'internet offre d'immenses opportunités aux professionnels ainsi qu'aux entreprises pour présenter leur expertise au monde entier.

Nous allons voir dans le prochain chapitre une stratégie de marketing qui est peu connue dans le marché francophone mais d'une grande efficacité. Vous avez tout intérêt à la connaitre et à vous en servir. Voilà pourquoi...

* Statistique tirée du site Hubspot un blogue anglophone
    très populaire, au sujet du marketing sur internet.

À L'AIDE D'UN LIVRE, VOTRE LIVRE

Offrez-vous un représentant qui travaille pour vous 24h par jour, 7 jours par semaine… et dont le territoire est la planète…

AlainPomerleau.com

La prochaine méthode est selon moi, une des stratégies les plus efficaces pour promouvoir et vendre des produits et services sur internet. Utiliser un livre pour s'adresser à vos clients potentiels et ceux existants est une méthode peu connue dans le marché francophone (elle est par contre de plus en plus utilisée dans le marché anglophone) et contrairement à ce que vous pensez probablement, c'est une stratégie qui s'adresse aux entrepreneurs et aux professionnels, même si ceux-ci ne sont pas des écrivains.

En fait, on ne parle pas ici d'un roman, bien que les romanciers peuvent facilement utiliser les méthodes décrites dans ce livre pour se promouvoir et vendre leur livre. Je parle dans ce chapitre d'un livre de non-fiction qui va expliquer, démontrer, présenter votre expertise, votre message ou votre projet.

Prenons l'exemple du livre que vous avez entre les mains. Ce livre représente simplement en écrit, ce que j'explique déjà à la plupart de mes clients. Parce que l'internet marketing dans le marché francophone n'est pas aussi connu que dans le marché anglophone, j'avais besoin d'éduquer, d'informer mes clients potentiels et le livre me permet de faire ça à une plus grande échelle.

Ce livre m'a pris plusieurs heures à écrire, même si je suis auteur depuis longtemps (avec mes pièces de théâtre, mes chansons, les Opéras Rock que j'ai écrits), car je suis très comfortable avec l'écriture sur papier ou à l'ordinateur. Par contre, il est aussi possible de créer un livre avec la parole. J'ai aidé des clients, d'autres entrepreneurs à "dire leur livre" (en les interviewant par exemple) sans qu'il n'ait jamais à écrire un mot, parce qu'ils étaient du type oral plutôt qu'écrit.

Bien que ce livre m'ait pris plusieurs heures à écrire, il me fait quand même sauver ÉNORMÉMENT de temps, car je peux le donner, le vendre à un nombre illimité de personnes sans que ma présence soit nécessaire. Avant ce livre, je devais répéter, présenter à chaque personne qui démontrait de l'intérêt, ce que l'internet pouvait faire pour eux. Comme je suis passionné de ce médium, il n'y a pas une journée qui se passait sans que je rencontre une personne qui aurait pu en bénéficier.

Maintenant ce livre facilite ce processus. Il présente mon expertise aux gens qui me connaissent et même à ceux qui ne me connaissent pas. C'est une façon peu coûteuse en temps ou argent pour un client potentiel de savoir tout ce que je peux faire pour eux. Ça m'aide aussi à préqualifier mes prospects, car si à la suite de la lecture de ce livre, les gens décident que ce n'est pas pour eux, notre relation se terminera sans qu'eux ou moi ayons perdu notre temps. Par contre, si les lecteurs sont intéressés par ce que je peux faire pour eux, s'ils décident qu'ils veulent aller plus loin dans les opportunités que l'internet peut leur apporter et bien, ils auront la possibilité d'essayer d'autres services ou formation en ligne que je peux leur offrir.

J'aime dire que le livre devient un AMBASSADEUR à temps plein de votre message, de vos produits ou services.

Un livre que vous écrivez et publiez est un employé fidèle qui explique et fait la promotion de vos produits et services à votre place, 24 heures par jour, 7 jours par semaine sans jamais demander d'augmentation de salaire ou de vacances. C'est votre représentant idéal, car il dit exactement ce que voulez qu'il dise et rien de plus ou rien de moins, car après tout, c'est vous qui l'avez écrit.

D'ailleurs si vous désirez en savoir davantage sur l'écriture et la publication de votre propre livre, je vous invite à visiter PublieretProfiter.com pour en connaitre tous les détails. En plus, cela vous permettra de voir le type de "squeeze page" que j'ai utilisé pour ma formation en ligne car vous aurez compris à présent, que j'utilise toutes les stratégies que je vous enseigne dans ce livre.

"I walk the talk" comme dirait les anglophones. "J'applique les mêmes stratégies que je prône dans ce livre", pourrait en être une traduction libre.

Pour compléter ce chapitre au sujet du livre, j'aimerais vous donner certaines des meilleures raisons pour écrire et publier un livre. Vous n'êtes pas écrivain pensez-vous? Pas de problème, sachez qu'aujourd'hui, avec les nouvelles technologies, vous pouvez écrire un livre sans même appuyer sur une seule touche d'un clavier. Il y a effectivement plusieurs raisons qui inspirent le désir d'écrire un livre et voici les plus fréquentes…

Un livre vous propulse immédiatement à titre d'expert dans votre domaine
Le livre vous positionne immédiatement comme un expert dans l'esprit des lecteurs et augmente votre crédibilité ainsi que celle de votre entreprise.

Un livre est votre arme secrète pour ouvrir l'accès aux entreprises et aux personnes que vous désirez rencontrer
Quand vient le temps de vous présenter à un client potentiel et que vous lui offrez votre livre plutôt qu'une simple carte d'affaire, vous pouvez être assuré d'être pris au sérieux. Vous pouvez aussi personnaliser votre livre en écrivant une dédicace pour votre client (ou client potentiel), lui suggérant d'aller voir à une

certaine page où il trouvera un point qu'il l'intéressera particulièrement.

Un livre peut vous aider à augmenter l'achalandage sur votre site web

Vous pouvez offrir votre livre sur une page web en échange d'un nom et d'une adresse courriel. Ces informations vous permettront de commencer une conversation avec le client potentiel. Vous pourrez, entre autres, offrir des conseils, outils et promotions qui pourront aider les visiteurs à vous choisir comme solution à leurs besoins. Votre livre vous aide donc à attirer de nouveaux clients potentiels et à augmenter les ventes auprès de clients actuels, car vous pouvez introduire dans un livre des produits ou services connexes avec des explications détaillées et des exemples de choix.

Un livre vous aide à vendre davantage de produits et services, plus rapidement et plus facilement, sans paraître agressif ou opportuniste

Le livre est un cadeau idéal à offrir à des clients ou partenaires potentiels. Il présente vos produits et services sans que vous soyez là pour les vendre. Les gens vont habituellement feuilleter un livre pour avoir un aperçu et ils risquent de le conserver plus longtemps et à un endroit plus visible qu'une carte d'affaire. Grâce à vos conseils, les clients sont mieux informés et aptes à prendre de meilleures décisions sur vos produits et services. Ils ont l'impression de vous connaitre et de mieux comprendre votre expertise.

Un livre est aussi le moyen idéal pour obtenir une plus grande visibilité à titre d'expert ou autorité dans votre domaine, d'élargir vos opportunités et d'offrir des ateliers ou conférences

Votre livre devient une excellente occasion pour créer de l'intérêt autour de vous par les médias que ce soit à la radio, les journaux, des entrevues à la télé et devient une excellente façon de créer un "buzz" sur les réseaux sociaux. Les médias et les organisations adorent interviewer les auteurs qui viennent de publier un nouveau livre. Plusieurs organisations recherchent des experts pour présenter des ateliers et peuvent facilement justifier le choix d'un auteur qui a écrit un livre sur un sujet qui rejoint leur public cible.

Un livre peut générer des revenus supplémentaires ou être utilisé comme bonus complémentaire à une de vos offres de produits ou services

Même si le but premier de la publication d'un livre pour un entrepreneur ou une entreprise est de l'aider à mieux se positionner à titre d'expert et d'élargir le marché et les opportunités de contrat, les redevances peuvent également apporter un revenu supplémentaire intéressant. À la suite de la publication de votre livre, vous pouvez envisager faire un enregistrement audio. Cette version peut servir à un public qui n'a pas le temps de lire, mais qui peut l'écouter en voyageant. La version audio d'un livre peut également être vendue pour un montant plus important que la version imprimée.

Un livre est un employé fidèle qui explique et fait la promotion de vos produits et services à votre place

Non seulement le livre vous représente, mais il fait la promotion de vos produits et services 24 heures par jour, 7 jours par semaine comme si vous engagiez un vendeur sur la route, sans que vous ayez à lui offrir des journées de congé ou des vacances!

Et finalement, voici la raison pour laquelle j'affectionne tout particulièrement le livre comme moyen de communication avec vos clients existants ou potentiels.

Un livre vous permet de promouvoir vos produits et services dans l'intimité du salon, de la chambre à coucher et parfois même jusque dans la salle de bain de vos clients potentiels. C'est 100 fois plus efficace qu'un vendeur personnel. Celui-ci ne pourrait jamais parler de vos produits et services dans ces endroits et, surtout, au moment opportun. ;-) Les personnes prennent votre livre pour le lire quand cela leur convient, ce qui les rend plus ouvertes à vos idées, contrairement à vos tentatives pour leur présenter votre message lorsqu'elles sont occupées à faire autre chose.

Comme je l'ai déjà mentionné, votre livre devient votre représentant à temps plein. Si vous me permettez, je vous suggère fortement de considérer cette stratégie pour vous en tant que professionnel ou pour votre entreprise. Vous verrez que de plus en plus, dans les années à venir, les entrepreneurs utiliseront cette stratégie, car elle est tellement efficace. Aussi bien le faire et en profiter avant vos compétiteurs!

En plus, votre livre vous donnera amplement de contenu, que vous pourrez réutiliser dans un blogue, dans vos courriels ou même dans un podcast, si vous en faites une version audio. Justement la prochaine stratégie dont je vais vous parler est le podcast…

PAR PODCAST

"Sur internet, tout le monde est rivé à son poste de radio préféré - WIIFM…"

De nos jours, tout le monde peut avoir sa propre radio en ligne pour diffuser son message à la planète entière… Si ça ne s'appelle pas une grande opportunité, je ne sais pas ce que c'est !
AlainPomerleau.com

On peut définir un podcast (baladodiffusion) comme étant une série d'épisodes audio ou vidéo (bien que la plupart des podcasts sont diffusés en audio seulement) autour d'un sujet ou d'une thématique, diffusé sur internet. Tout comme un blogue, cet outil peut être utilisé par des particuliers ou des entreprises. On peut dire que c'est semblable à la radio, mais sans avoir besoin de licence pour partager votre message. La diffusion est gratuite et selon le service que vous utilisez pour héberger et distribuer votre podcast, il peut y avoir certains coûts, mais ceux-ci sont minimes. Contrairement à la radio traditionnelle, le podcast est disponible en épisodes et non en diffusion continue.

Voici une autre définition qu'on peut retrouver sur le site d'Apple. iTunes est un des plus importants distributeurs de podcasts.

Les podcasts sont des épisodes d'une émission diffusée sur internet. Il s'agit en général d'enregistrements audio ou vidéo originaux, mais également d'émissions radio ou télé déjà diffusées, de conférences, de spectacles ou d'autres types de présentations.

La plupart du temps, tous les épisodes d'un podcast utilisent le même format de fichier (audio ou vidéo, par exemple). Les abonnés peuvent ainsi profiter de l'émission de façon logique et uniforme. Certains podcasts, comme les cours de langue, comprennent plusieurs formats de fichiers (vidéos, documents, etc.) pour favoriser l'apprentissage.

Pour les auditeurs, les podcasts sont le moyen idéal de découvrir gratuitement du contenu de partout dans le monde. Et pour les diffuseurs, ils sont la plateforme rêvée pour accéder à un vaste auditoire.

Extrait du site Apple, au sujet du Podcast et iTunes

Comme je vous disais un peu plus tôt, le terme podcast a été traduit en français par baladodiffusion, mais ce dernier est rarement utilisé. Donc si vous voulez faire une recherche sur les podcasts disponibles sur un sujet quelconque, je vous suggère de faire la recherche avec le terme podcast.

Le podcast est à l'audio, ce que la webconférence est à la vidéo, un moyen rendu facile de communiquer sur internet. Vous pouvez maintenant avoir l'équivalent de votre propre chaîne radio ou de télévision pour un investissement dérisoire.

Quels sont les avantages de diffuser votre propre podcast sur internet?

Vous créez votre propre plateforme et développez un public qui vous écoute régulièrement (et parfois même des fans). Ce médium a un potentiel de croissance énorme.

Le podcast est une autre plateforme pour communiquer votre message, partager votre expertise, promouvoir et vendre vos produits à la planète entière. Les gens peuvent écouter des épisodes spécifiques ou s'abonner et ainsi recevoir automatiquement les nouveaux épisodes.

Le podcast étant habituellement un format audio, il vous permet de **rejoindre un autre segment de la population** que vous ne pourriez pas rejoindre autrement. Par exemple, certaines personnes vont écouter des podcasts en joggant ou quand ils font leurs exercices. D'autres écouteront leur podcast préféré en conduisant entre la maison et le travail. Il y a plusieurs podcasts dont la durée est environ 22 minutes, pour s'adapter au temps moyen qu'une personne utilise pour son transit vers le travail.

Le podcast vous permettra de bâtir un public. En suggérant à vos auditeurs de s'abonner, vous vous assurez ainsi qu'ils recevront automatiquement les prochains épisodes que vous diffuserez. Ceux-ci se téléchargeront automatiquement sur l'appareil ou le logiciel qu'ils utilisent pour écouter les podcasts, que ce soit leur ordinateur, leur téléphone intelligent, leur tablette numérique ou même dans certaines voitures. Plusieurs modèles récents viennent déjà équipés pour écouter vos podcasts préférés.

Avec un podcast, vous pouvez aussi **bâtir votre liste de diffusion en invitant les gens à visiter une page web pour recevoir une gratuité.**

Le podcast est un excellent moyen de communication pour vous faire connaitre et vous offre l'opportunité de transformer une partie de ce public en clients. Reprenons l'exemple précédent où mon sujet de podcast est: comment utiliser la vidéo pour votre marketing. Supposons que j'enregistre un épisode qui traite des 4 étapes pour filmer une vidéo de grande qualité avec un téléphone intelligent pour aider à augmenter les ventes. J'enregistre d'abord l'épisode et la rend disponible à tous sur iTunes. Ensuite je peux en faire la promotion sur ma page Facebook, par exemple, en résumant ce que les gens vont découvrir s'ils écoutent cet épisode. J'inclus un lien et le tour est joué. Lorsqu'une personne lit le "post" que j'ai mis sur Facebook, il ou elle clique et écoute gratuitement le podcast, cela me permet de leur présenter mon expertise. Chaque épisode me donne une autre opportunité de rejoindre des gens qui ne me connaissent pas en plus d'offrir un contenu intéressant pour ceux qui me connaissent. Vous pouvez aussi inclure un appel à l'action, à même chaque épisode en leur proposant une gratuité en lien avec le sujet qu'ils écoutent. Certains en profiteront pour s'inscrire sur votre liste afin de recevoir votre offre. La gratuité pourrait être un aide-mémoire des points importants que vous avez présentés dans l'épisode ou tout simplement la transcription de l'épisode. Si vous offrez du contenu de qualité, vos auditeurs seront tentés de vous écouter quand vous allez offrir autre chose, que ce soit un autre épisode, une vidéo ou un article sur votre blogue. Certaines études démontrent qu'un client potentiel doit avoir 7 interactions avant d'acheter quoi que ce soit alors chaque épisode, article ou vidéo compte.

Le podcast, permet à un plus grand nombre de personnes de vous découvrir au hasard, bien que vous puissiez également promouvoir vos épisodes par divers moyens publicitaires (voir l'élément essentiel # 6 - Inviter).

Avec un podcast, **les gens peuvent vous écouter n'importe quand et n'importe où.** Ils peuvent, par exemple, télécharger l'épisode sur leur téléphone intelligent et l'écouter dans le train ou l'autobus plus tard. Ils choisissent d'écouter les épisodes quand ça leur convient, à leur rythme. Il est même possible de reculer, avancer ou mettre sur pause, ce qui permet de bien saisir le contenu et rend votre public plus réceptif à votre message.

Type de Podcast

Il y a plusieurs styles de podcasts disponibles et sur presque tous les sujets imaginables. Mais la plupart suivent un type particulier dont voici les principaux :

Un style de podcast populaire est celui où vous interviewez des gens pour les faire connaitre auprès de votre public. Ce pourrait être, par exemple, sur un sujet lié au marketing dans mon cas ou au sujet de la course pour un propriétaire d'une boutique de course ou un entraîneur.

Un autre style est le podcast basé sur un endroit. Par exemple, un podcast au sujet des voyages, où chaque épisode traite d'une ville différente. Un autre exemple de ce type de podcast serait le reportage sur différents restaurants que vous avez essayés.

Il y a aussi un type de podcast dans lequel des histoires sont racontées ou lues.

Du côté affaires, un autre style de podcast populaire est celui où l'on enseigne quelque chose, où l'on donne des trucs et des conseils dans son domaine d'expertise.

Évidemment, rien n'est coulé dans le ciment. Vous pouvez très bien décider de créer un podcast dans votre style particulier, qui inclut une variété de styles décrits ci-dessus. Dans certains épisodes, vous interviewez quelqu'un, pour un autre épisode vous enseignez quelque chose et le suivant, vous présentez une étude de cas (un exemple concret que vous décortiquez et analysez pour en faire bénéficier votre audience).

Qu'allez-vous dire dans vos podcasts?

D'abord, il est important de noter que même si d'autres podcasts existent déjà à propos du sujet qui vous intéresse, cela ne devrait pas vous empêcher de le choisir comme thème pour le votre. Pour la simple et bonne raison que vous aller le faire en y apportant votre propre style, votre personnalité et il est fort à parier qu'il sera différent des autres podcast qui existent sur le même sujet. Et ceux qui vous suivront le feront parce qu'ils aiment votre façon de faire.

Vous pouvez dire à peu près tout ce que vous voulez dans vos podcasts du moment que c'est légal, que ce n'est pas un message qui encourage la haine ou de connotation pornographique. Mais puisque ce livre s'adresse aux entrepreneurs et aux professionnels, les messages dans votre podcast devraient avoir le même objectif que les stratégies précédentes (que ce soit le courriel, le blogue, la vidéo ou le livre), c'est-à-dire un moyen de communiquer votre expertise avec les internautes pour qu'éventuellement ils passent de clients potentiels (gens intéressés) à clients (qu'ils achètent vos services ou produits).

Vous pouvez aussi offrir en épisode, les chapitres de votre livre audio. Si vous avez enregistré des vidéos que vous publiez sur votre blogue, vous pouvez les transformer en format audio et vous aurez ainsi un épisode pour votre podcast. Il se peut que vous ayez à adapter quelque peu l'épisode afin de le rendre compréhensible puisqu'il n'y aura plus d'images.

Voici très brièvement comment réaliser un podcast
Vous enregistrez votre épisode sur votre ordinateur, enregistreur ou téléphone intelligent (préférablement avec un micro de bonne qualité). Vous éditez ensuite le contenu. L'édition consiste à enlever, entre autres, les parties dans lesquelles il y a des erreurs, les bruits imprévus, etc.. Mais vous n'avez pas besoin d'être parfait. Au contraire, les gens aiment bien quand ils sentent que c'est réel et pas nécessairement tout retravaillé. Vous pouvez aussi inclure une introduction musicale avec le titre de votre podcast et une courte description pour une approche plus professionnelle. Vous pouvez utiliser la même introduction musicale à la fin de l'épisode. Finalement, vous enregistrez, si ce n'est pas déjà fait, un appel à l'action qui encouragera les auditeurs à se rendre sur votre site pour télécharger une gratuité. Vous pouvez également enregistrer un message pour mentionner votre commanditaire, si vous en avez un. Ensuite vous transférez le ficher audio final à un service

d'hébergement de podcasts. Les plus populaires étant iTunes, SoundCloud, Stitcher Libsyn et Blubrry. Finalement, vous informez le monde entier en utilisant les diverses méthodes de promotion présentées dans ce livre (voir l'élément essentiel #6 - Inviter).

La mise-en-ligne d'un nouvel épisode est aussi une excellente raison pour envoyer un courriel à vos abonnés sur votre liste de diffusion. Vous devez comprendre que même si des gens sont abonnés sur votre liste de diffusion, cela ne veut pas dire qu'ils sont abonnés à votre podcast. Et même s'ils ont lu l'article, ou le résumé de l'article dans votre courriel ou sur votre blogue, plusieurs voudront écouter l'épisode pour avoir tous les détails. Il faut garder à l'esprit que les gens n'apprennent pas tous de la même façon, certains sont plus auditifs et tandis que d'autres sont plus visuels.

Votre public, qu'il en soit à son premier contact avec vous ou non pourra écouter vos épisodes sur demande ou en s'abonnant. La plupart des podcasts sont gratuits bien qu'il en existe certains qui sont payants. Certaines personnes retirent les épisodes après un certain temps et vendent l'accès aux archives. Vous me demanderez pourquoi quelqu'un voudrait prendre le temps d'enregistrer et produire des épisodes pour les rendre disponibles gratuitement à n'importe qui sur la planète. C'est simple: parce que c'est un excellent moyen de diffuser votre message, vos conseils, votre expertise, de l'information sur vos produits, des histoires, etc.

En créant un podcast et en utilisant le service comme iTunes, par exemple, vous aurez accès à un des plus importants réseaux de diffusion sur la planète. Tout ça gratuitement. Juste sur iTunes, il s'est téléchargé plus d'un milliard d'épisodes de podcast en janvier 2013. Donc la question plus appropriée devrait être: "Qu'attendez-vous pour vous servir de ce moyen de communication innovateur, disponible gratuitement ?"

ITunes (Apple) vous hébergera gratuitement et en fera la promotion si vous avez une bonne stratégie de lancement. Il y a en effet quelques trucs à respecter lors du lancement d'un podcast pour que celui-ci ait le plus d'impact possible et qu'iTunes en fasse la promotion dans sa section "remarquable" (noteworthy).

Diverses façons de rentabiliser un podcast
Même si un podcast est généralement gratuit pour celui qu'il l'écoute, il y a quand même moyen de le rentabiliser.

En ayant un ou des commanditaires
Par exemple, vous pouvez approcher des entreprises et leur proposer de commanditer votre podcast. Habituellement, cela est possible quand vous pouvez démontrer que vos podcasts sont écoutés par un certain nombre de personnes ou d'abonnés et en prouvant que vos podcasts sont téléchargés régulièrement. En effet, une personne peut télécharger votre épisode sur son appareil (un téléphone, une tablette, un ordinateur ou dans la voiture) sans nécessairement être abonnée au podcast comme tel.

En vendant vos propres produits
Reprenons l'exemple du podcast sur la thématique d'utiliser la vidéo pour votre marketing. À la fin d'un épisode, vous pouvez proposer à votre audience une formation en ligne que les gens peuvent acheter pour se perfectionner dans ce domaine. Vous pouvez offrir un rabais à l'aide d'un code pour ceux qui ont écouté cet épisode afin de les remercier.

Vous pouvez aussi suggérer une gratuité, comme on a mentionné dans les chapitres précédents. Vous voyez, tous vos efforts peuvent être connectés et servir à votre promotion en ligne. Pour ce faire, vous devez inclure un appel à l'action précis, du genre: "pour recevoir gratuitement (inclure votre propre gratuité), allez sur www.votresite.com/podcast/episode25 pour la télécharger."

Une autre façon de gagner des revenus avec votre podcast est de **présenter des liens affiliés vers des produits** que vous mentionnez dans vos épisodes. Nous discuterons un peu plus loin de ce type d'offres.

En produisant régulièrement des nouveaux épisodes pour votre podcast, cela vous aide à vous faire connaître dans votre domaine et ouvre les portes à des opportunités pour présenter dans des conférences (Speaking opportunities).

Mais avant tout, votre podcast est un autre excellent moyen de communiquer avec vos clients potentiels et existants ou même avec les internautes qui ne vous connaissent pas encore. Chaque épisode sert à vous introduire, à diffuser votre expertise, à les aider, les guider et à bâtir une relation avec eux pour qu'ils apprennent à vous faire confiance.

Lorsque cette étape est accomplie, lorsque vous avez utilisé cet élément essentiel qu'est Communiquer, vous pourrez passez à la prochaine étape.

Juste avant d'explorer l'ingrédient essentiel #4 pour promouvoir et vendre efficacement sur internet, il nous reste un dernier moyen de communication à considérer (plutôt deux): la webconférence et la webdiffusion en direct…

PAR WEBCONFÉRENCE OU WEBDIFFUSION EN DIRECT

Il est 5 heures du matin, dans une forêt à l'autre bout du monde, en Nouvelle-Zélande. Je suis en vacances avec ma famille. Je me suis levé avant tout le monde, dans la cabane en bois qu'on a louée, pour assister à une formation en ligne. Je n'ai pas de connexion internet traditionnelle pour mon ordinateur. Par contre, j'ai accès au plan "data" de mon iPhone (que j'arrive à utiliser quand je me colle près de la fenêtre). Ça me permettra de suivre une webconférence en direct qui se déroule à plus de 10,465 km...

AlainPomerleau.com

En 2015, j'ai vécu pendant un an en Nouvelle-Zélande. Durant cette année, je suivais une formation qui était offerte à l'autre bout du monde (aux États-Unis) par un des "king" de l'internet. Je pouvais suivre cette formation grâce aux nouvelles technologies et la dernière stratégie que l'on va aborder dans ce chapitre : la webconférence.

La webconférence est un autre de ces concepts pour lesquels on utilise souvent le terme anglais: le webinaire (qui vient du mot anglais "webinar"). Même en anglais les gens utilisent plusieurs mots différents pour parler à peu près de la même chose. Les termes "webinar", "webcast" et "livecast" sont tous utilisés de façon interchangeable. Pour ce chapitre, nous allons utiliser webinaire, webconférence ou la webdiffusion pour parler d'une conférence, soit une présentation en vidéo qui est diffusée sur internet. Ce genre de présentation offre habituellement un moyen pour les internautes de participer, poser des questions ou offrir des commentaires dans une section que l'on appelle : le "chat". C'est un moyen de communication très efficace puisqu'il utilise la vidéo et permet une intéraction avec les participants.

La webdiffusion permet d'enseigner ou de présenter votre contenu à plusieurs personnes en même temps, n'importe où sur la planète. Vous pouvez poser des questions ou faire des petits sondages pour orienter votre présentation. Vous pouvez ainsi savoir exactement ce qui se passe dans la tête de vos auditeurs, quels sont leurs problèmes ou questionnements sur ce que vous présentez, quelles sont leurs objections relatives à ce que vous vendez, etc. Cela vous permet d'adapter votre présentation et même votre offre afin de répondre exactement à leurs besoins.

Vous pouvez vous servir d'un webinaire pour former des employés qui sont à l'autre bout du pays. Vous pouvez vous servir d'une webconférence pour diffuser du contenu aux personnes inscrites sur votre liste. La webdiffusion en direct peut même servir pour livrer une formation en ligne que vos clients ont achetée.

Un exemple concret de ce scénario est la webconférence que j'ai suivie dans le fin fond de la forêt néozélandaise. C'était une formation en ligne que j'ai achetée et dans laquelle Mike Koenigs enseignait justement comment utiliser et enseigner la webdiffusion en direct. On était vraiment dans le pratico-pratique car il utilisait la webdiffusion en direct pour nous enseigner comment utiliser cet outil pour diffuser son contenu.

Si la webconférence est une formation payée, celle-ci sera diffusée sur un site privé où seulement les clients auront accès.

Dans le cas où la formation est gratuite, celle-ci sera disponible à partir d'un lien qui dirigera les participants sur votre site internet ou sur un site externe, selon l'outil que vous utilisez.

La webconférence peut être diffusée en direct ou en rediffusion, ce qui permet aux internautes de la revoir s'ils ont manqué la version en direct. C'est le présentateur qui décide s'il va enregistrer sa présentation en direct et s'il va la rendre disponible en reprise afin de permettre aux internautes de la revoir plus tard. Certains présentateurs préfèrent ne pas offrir de rediffusion, ce qui en fait un évènement un peu plus spécial et à ne pas manquer. D'autres préfèrent que le plus grand nombre possible de participants puissent voir la webconférence, surtout si à la fin, il y a une offre avec un produit à vendre. Il faut comprendre que ce moyen de communication est souvent utilisé pour vendre un produit ou service en ligne.

Si vous désirez vendre à l'aide d'une webconférence, l'idée est d'offrir d'abord du contenu, de la formation de bonne qualité, gratuitement à votre audience et vers la fin de la présentation, leur offrir d'acheter un de vos produits, services ou une formation en ligne pour aller plus loin dans l'apprentissage. Plusieurs internautes assisteront à vos webconférences sans nécessairement acheter votre offre, même si vous la croyez irrésistible. Même dans ces cas-là, c'est une bonne stratégie car vous aurez l'opportunité d'acquérir les coordonnées des participants sur la page d'inscription et de continuer à leur partager votre expertise. Éventuellement, certains d'entre-eux seront tentés d'acheter vos produits ou services. C'est l'équivalent de la personne qui vient plusieurs fois en magasin pour finalement acheter la troisième ou quatrième fois qu'elle vous visite.

Idéalement, la page où vous présentez votre webconférence aura des boutons pour inviter les gens à la partager sur les réseaux sociaux. Soit dit en passant, les internautes invités auront aussi à s'inscrire pour accéder à la présentation, car vous voulez avoir accès à leurs coordonnées pour continuer la conversation.

Dans un webinaire où le présentateur compte vendre un produit, il y aura aussi un bouton qui enverra le visiteur vers une page de vente où il pourra payer en ligne.

Une telle présentation diffusée sur internet peut être comparée à une conférence ou une formation qui serait présentée dans un auditorium ou une salle de classe. Dans un scénario normal vous vous inscrivez à la conférence ou à la formation, celle-ci peut-être gratuite ou payante et vous vous présentez à la date, au lieu et à l'heure prévue pour entendre un présentateur livrer son contenu en personne.

En ligne, c'est le même principe, bien que plusieurs avantages s'offrent à vous. La webconférence est beaucoup plus facile à produire qu'en personne. Vous n'avez pas à louer de salle, louer d'équipement et de main d'oeuvre pour accueillir les participants le temps que vous êtes sur scène à présenter. C'est beaucoup plus simple et moins coûteux. Il vous faut une caméra, si vous désirez que les participants puissent vous voir, (une web caméra à moins de 100 $ fera habituellement l'affaire), une connection internet, un peu de préparation, votre contenu et vous êtes prêt à diffuser à la planète entière.

Cela vous permet d'avoir une plus grande flexibilité et une meilleure qualité de vie. Vous n'avez plus besoin de voyager continuellement, de vivre dans les hôtels avec toutes les dépenses que cela engendre. Vous pouvez faire votre présentation dans le confort de votre maison et selon votre horaire. Vous pouvez suivre les ventes et passer du temps de qualité avec votre famille une fois que la présentation est terminée.

Il y a des avantages pour les participants aussi. C'est souvent plus simple et moins onéreux. Pas de voyage, billets d'avion ni d'hôtel à payer. Même pas de gardienne si vous avez des enfants. Vous pouvez regarder la webconférence à la maison, au bureau et parfois même dans un café ou pourquoi pas au parc.

Voici comment une webconférence s'organise ou se présente sur internet

La plupart du temps, on présente une page qui décrit le présentateur, le sujet et les principaux points qui seront abordés. Il y aura tous les détails importants (date, heure, fuseau horaire) et les détails pour s'inscrire. Certains utilisent une vidéo où le présentateur vous résumera les raisons pour lesquelles vous devriez y assister en direct. Les participants doivent habituellement inscrire leur prénom et adresse courriel, ce qui permettra au présentateur de les contacter avec les détails pour assister à la webconférence. Ces messages peuvent être préparés à l'avance et automatisés par autorépondeur (voir le chapitre de l'ingrédient essentiel #5). Le présentateur, via le système qu'il utilise, enverra ensuite un lien privé, uniquement accessible pour ceux qui se sont inscrits.

Il y a plusieurs logiciels disponibles pour présenter des webinaires, tels que Webinar Jam Studio, GotoWebinar, Easywebinar, Google Hangouts, WebinarNinja, etc.

Ces logiciels permettent d'automatiser vos webinaires et vous proposent les outils nécessaires pour créer la page d'inscription, la page de visionnement et même l'envoi de courriels avant, pendant et après la conférence afin d'éviter que les participants oublient le rendez-vous. Comme je l'ai mentionné précedement, les webdiffusions peuvent être diffusées en direct ou être préenregistrées. Il y a même des services, comme Everwebinar, qui vous permettent de rediffuser une webconférence sur une base régulière en simulant qu'il se déroule en direct à chaque fois. Une autre option est l'hybride, soit débuter et terminer en direct mais utiliser un ou des segments pré-enregistrés pour le reste de la présentation.

Il y a différents types de webconférences, mais les plus fréquentes sont celles où les participants regardent une présentation de style "PowerPoint" avec la voix du présentateur. Dans d'autres cas, on peut voir à l'écran, le conférencier qui présente son contenu. Il est également possible d'utiliser unecombinaison des deux genres, soit le contenu qui prend une bonne partie de l'écran avec le présentateur en vignette.

Pourquoi le faire en direct?

En procédant ainsi, vous créez un évènement. C'est plus qu'une simple vidéo, c'est un "happening" et vos auditeurs comprennent qu'afin de recevoir la formation gratuitement, ils devront se présenter en direct pour y assister. Plusieurs grands marketeurs sur internet ne font que du direct car cela permet de créer l'effet de rareté. Ils donnent leur formation gratuitement si vous êtes présent en direct et font habituellement une offre de vente à la fin.

Cette approche incite les gens à se présenter pour la webconférence. Consciemment ou non, la plupart des gens ont horreur d'avoir la sensation de manquer quelque chose.

Une webconférence avec un "chat" vous permet d'avoir du feedback des participants en direct et de vous ajuster afin d'offrir une meilleure présentation. C'est également pratique pour répondre aux questions que vos clients potentiels ont et qui les empèchent possiblement de passer à l'action et acheter votre offre.

Par exemple, supposons que vous faites une webconférence dans laquelle vous allez présenter ou former vos clients potentiels sur 3 raisons qui justifient l'utilisation de vos services et que vous planifiez faire une offre irrésistible à la fin, soit un de vos services à 50% de rabais. L'offre étant valable seulement durant le webinaire, vous devez vous assurer d'éliminer tous les doutes chez les participants. Si dans le chat vous remarquez que la même question ou le même commentaire revient à plusieurs reprises, vous pouvez y répondre immédiatement. D'autres écrivent dans le chat qu'ils apprécient la formation et sont intéressés par votre offre, mais qu'ils n'ont pas le temps de suivre votre formation maintenant. Ils demandent si c'est possible de la suivre plus tard. En voyant la question, vous pouvez leur répondre en direct et préciser qu'il n'y a pas de problème à acheter maintenant pour profiter du rabais et de suivre le cours plus tard. Vous pourrez expliquer en détails que la formation sera disponible en tout temps sur un site privé; auquel ils auront accès 24 heures par jour, à longueur d'année. Donc vous leur suggérez d'acheter maintenant et de faire la formation au rythme qui leur convient, ce qui répond à une objection que plusieurs participants pourraient avoir en commun.

La webconférence est un moyen simple et rapide de bâtir votre liste, donc de connecter avec plus de clients potentiels. Comme ils doivent entrer leur adresse courriel (et prénom si vous le demandez) à la page d'inscription, vous aurez ainsi leurs coordonnées pour les contacter à nouveau. Si vous leur donnez de la valeur, en leur offrant du contenu qui les aide dans leur cheminement, vous commencerez à bâtir une relation avec un public qui sera prêt à vous écouter quand viendra le temps de leur faire une offre.

Les webconférences vous permettent de former vos clients. Si vous avez un service ou produit qui est complexe, vous pouvez former vos clients potentiels en présentant des exemples d'utilisation ou des cas vécus en illustrant les avantages qu'ils auront en utilisant vos services.

Certains présentateurs aiment bâtir leur cours en ligne avec la webdiffusion en direct. Ils vendent une formation qui se bâtira initialement en direct. Ils auront une présentation préparée et ajouteront un segment à la fin pour répondre aux questions des participants. Puisque la présentation est enregistrée, les auditeurs pourront y revenir aussi souvent qu'ils le veulent pour revoir les concepts et techniques enseignés.

Ce genre de formation est un scénario gagnant-gagnant, car le présentateur peut vendre sa formation avant même de la créer et les participants, lors de la présentation initiale, ont habituellement un accès privilégié avec le formateur. Ils pourront par la suite revoir les vidéos quand leur horaire leur permet.

C'est exactement pour cette raison que je me levais à 5 heures du matin en vacance, avant que ma famille soit debout, pour suivre une conférence en direct qui était offerte aux États-Unis en milieu d'après-midi. Assister à la présentation en direct me permettait de poser toutes les questions que je voulais à un expert du marketing sur internet, qui charge plus de 50,000 $ par jour pour une consultation… et tout ça, pour une fraction du prix !

Maintenant que nous avons vu toutes ces stratégies pour communiquer avec les gens qui vous suivent ou qui sont intéressés par votre expertise, il est temps de passer à l'ingrédient essentiel #4. D'ailleurs nous l'avons un peu mentionné dans ce chapitre. Il s'agit d'offrir. Vous avez décidé de vos objectifs, rencontré les internautes intéressés à votre expertise et vous leur avez donné du contenu de qualité en communiquant avec eux et bien il est temps de leur offrir vos produits et services…

INGRÉDIENT #4 - OFFRIR

Une fois que vous avez donné de la valeur à ceux qui vous ont démontré de l'intérêt, il est temps d'offrir vos produits ou services pour permettre aux internautes de profiter davantage de votre expertise…

AlainPomerleau.com

Après avoir présenté un contenu de qualité à vos visiteurs, que ce soit des trucs, des rabais, des informations utiles, bref que vous les ayez formés, vous pouvez, ou plutôt devriez présenter une offre. Le type d'offre va varier selon votre entreprise et selon l'objectif que vous avez déterminé lors de l'ingrédient essentiel #1. Celle-ci peut inclure vos services professionnels, un produit physique, une formation ou une invitation à visiter votre magasin ou encore à prendre un rendez-vous.

Voyez-vous, une fois que vous aurez donné avant de demander et que vos clients auront vu et apprécié la valeur que vous pouvez leur apporter, ceux-ci seront plus ouverts à vous écouter. Ils seront réceptifs à découvrir ce que vous avez d'autre à offrir.

Si au contraire, vous commencer à vendre vos produits et services en premier, avant de leur avoir donner quelque chose d'utile, avant que les personnes vous connaissent, avant qu'elles sachent que vous avez de la valeur pour eux, la plupart du temps, celles-ci vont tout simplement s'en aller ou vous ignorer.

L'internet ne fonctionne pas comme les anciens médias, il est plus difficile d'imposer à vos visiteurs d'écouter une publicité pour vanter vos produits. On n'est pas à la télé. Si les visiteurs ne voient pas rapidement une raison de passer du temps sur votre site, ils passeront tout simplement au prochain site ou vidéo qui capte leur attention.

Lorsque vous avez les 4 ingrédients essentiels et que vous les utilisez dans le bon ordre, c'est-à-dire que vous vous êtes ÉTABLI, donc vous avez décidé ce que vous voulez accomplir sur internet, que vous avez ensuite RENCONTRÉ les internautes en leur offrant quelque chose avant de demander et que vous avez COMMUNIQUÉ avec eux, soit par courriel, vidéo, podcast, blogue, livre ou par webconférence, à présent, vous pouvez leur offrir vos produits ou services. À partir de ce moment, vous pouvez parler de cette offre irrésistible que vous avez pour eux.

Comme il a été mentionné plus tôt, vous n'avez pas besoin de vendre directement en ligne pour utiliser les stratégies présentées dans ce livre. ous devriez utiliser ces stratégies de marketing parce que vos clients existants ou potentiels sont déjà sur internet en train de surfer, se divertir, s'informer, magasiner. Donc c'est une bonne idée d'aller promouvoir votre expertise, vos produits et services où se trouvent vos clients.

Voici quelques exemples de produits et services que vous pouvez proposer sur internet (la liste est loin d'être complète, seule votre imagination vous limite):
- Produits et services en ligne
- Produits et services en magasin
- Formations en ligne
- Produit digital issu de votre expertise
- Coaching
- Service professionnel (avec rendez-vous)
- Consultation (en ligne ou à votre bureau)
- E-commerce avec votre propre magasin en ligne ou avec une plateforme comme Amazon

- Programme d'affiliation
- Etc.

Vous pouvez aussi offrir l'opportunité de vous appeler pour une consultation initiale, de prendre un rendez-vous ou même d'acheter du temps de consultation (par exemple, certains entrepreneurs font payer leur client en ligne pour du temps de consultation par Skype).

Un mot sur les boutiques en ligne, aussi appelé le e-commerce

Si vous vendez des produits en magasin, vous serez peut-être intéressé à considérer une boutique en ligne pour les vendre. Il existe plusieurs options pour créer votre propre boutique en ligne. Une de celles-ci consiste à utiliser une extension (plugin) pour Wordpress, telles WooCommerce, Shopp ou iThemes Exchange. Vous pouvez aussi utiliser les services d'Amazon, un des plus grands détaillants en ligne.

L'objectif de ce livre n'est pas de vous enseigner comment créer votre propre boutique ou de vous servir d'Amazon, mais plutôt de vous proposer les stratégies de marketing qui vous aident à promouvoir et à vendre ce que vous aller proposez sur le web. Vous pouvez être assuré que les stratégies proposées dans ce livre fonctionnent, peu importe que vous vendiez des produits physiques ou numériques et que vous le fassiez à l'aide d'une boutique en ligne ou autrement.

J'entends, à l'occasion, certains entrepreneurs qui ont une boutique en ligne, se plaindre ou être déçus de leurs résultats de ventes. Quand je regarde leur stratégies marketing, je m'aperçois qu'ils négligent souvent les aspects que j'explique dans ce livre. Il faut comprendre qu'en ligne, comme avec un magasin qui a pignon sur rue, ce n'est pas parce que vous avez un produit ou un service extraordinaire que les gens vont nécessairement courir vers vous. En appliquant les stratégies offertes dans ce livre, il est possible de transformer ces résultats.

Le paiement en ligne

Afin d'accepter les paiements en ligne, vous avez le choix entre ouvrir un compte avec une institution financière pour accepter vous-mêmes les cartes de crédit ou d'utiliser un service qui reçoit les paiements pour vous et transfère le montant dans votre compte bancaire, après avoir déduit un pourcentage de la vente. Initialement, je ne conseille pas à mes clients d'accepter eux-mêmes les cartes de crédit, car cela implique beaucoup de détails, entre autres de sécurité. D'ailleurs il faut savoir que les internautes qui achèteront sur votre site voudront être rassurés que leurs données bancaires ou de carte de crédit soient sécurisées. Selon moi, il vaut mieux offrir aux internautes de payer avec des services qui sont spécialisés dans ce genre de transactions sur internet. Il y a maintenant des services spécialisés qui sont reconnus par les internautes et qui vous offrent de s'occuper de l'aspect sécuritaire d'une transaction en ligne. Dans un premier temps, les services que vous devriez considérer sont PayPal et Stripe. Contrairement aux banques ou aux cartes de crédit qui requièrent des frais mensuels, ces deux services vont vous prendre un pourcentage du montant de la vente seulement quand il y a une vente. Ce qui permet de limiter vos dépenses et de payer seulement si vous vendez quelque chose. Si vous ne vendez pas, ça ne vous coûte rien. Quand ces services vous chargeront beaucoup d'argent, cela voudra dire que vous vendez beaucoup et qu'il est peut-être temps de considérer une autre solution plus économique. Espérons que vous aurez ce problème un jour… de devoir trouver un autre système de paiement, car vous générez trop de ventes !

Dans ce chapitre sur l'ingrédient essentiel OFFRIR, je vais surtout m'attarder à la formation en ligne, aux produits numériques ainsi qu'aux programmes d'affiliation parce que ceux-ci font partie des offres de services un peu moins connues.

Sur internet, vous pouvez proposer vos offres en dirigeant les internautes vers une page de vente où tous les bénéfices leur seront présentés en détail et où ils pourront acheter en ligne. Cette page de vente, où vous présentez votre service ou produit, pourra comporter une vidéo ou une longue description détaillée ("long page sales letter" qu'on appelle en anglais). Nous allons élaborer sur ce sujet dans la section sur le "funnel de vente". Mais pour l'instant…

PRODUIT NUMÉRIQUE - FORMATION EN LIGNE

"Bienvenue dans l'univers de Dolly sur internet. Avec le produit digital ou la formation en ligne, vous pouvez maintenant vous cloner… ou presque!"

AlainPomerleau.com

Et si l'internet vous permettait...
De vivre de votre passion. Prendre votre expertise, ce que vous savez faire de mieux dans la vie et de le "packager" de façon telle que vous pourriez la vendre en ligne. De vendre vos services, vos connaissances en format numérique alors que vous dormez ou quand vous êtes en vacance. D'avoir un système automatisé qui vous permet de trouver des nouveaux clients potentiels à toute heure du jour (et même la nuit) ou d'agrandir votre réseau d'influence à la planète entière. C'est maintenant possible avec les produits numériques et les formations en ligne.

Typiquement si vous êtes en affaires, que vous avez une entreprise ou même si vous désirez en lancer une, c'est que vous avez une certaine expertise dans un domaine. Cette expertise peut, dans quasiment tous les cas, se transformer en produit numérique que vous pouvez vendre ou offrir gratuitement à vos clients potentiels ou ceux qui ont déjà acheté vos produits et services.

Ce que je veux que vous réalisiez dans ce chapitre c'est qu'il est possible et souvent plus intéressant et payant pour vous de vendre votre expertise plutôt que de facturer à l'heure. En créant un produit numérique, telle une formation en ligne, vous enseignez votre expertise, vous créez votre formation une seule fois et vous pouvez la vendre des centaines de fois (voir des milliers) sans que cela vous demande plus de travail. Ce genre de produit peut être créé en parallèle à ce que vous vendez déjà, même si ce sont des produits physiques. Dans mes années à étudier et observer ce qui se fait en ligne, j'ai vu à peu près tout ce que vous pouvez imaginer comme formations en ligne, car de plus en plus, les gens se tournent sur le web pour en apprendre davantage sur un sujet en particulier.

Quand je dis ici qu'il est important et très avantageux de créer un produit digital, voici ce que je veux dire concrètement.
Prenez l'exemple de ce livre. Le contenu de ce livre représente une partie de mon expertise. En fait, vous êtes en train de lire ce que j'ai expliqué des centaines de fois à des amis, des clients potentiels ou à des clients qui m'engagent à titre de consultant. J'ai décidé de prendre le temps de m'asseoir, d'organiser mes idées et de faire le tour de ce que les gens voulaient apprendre sur la promotion et la vente sur internet. J'ai essayé de résumer tout ce que j'avais appris des plus grands de l'internet dans ce livre que j'ai publié.

Ce livre est disponible dans une version papier, car certaines personnes préfèrent avoir le livre dans les mains pour surligner ou annoter les parties qu'ils jugent importantes. Il est aussi offert en version électronique que vous pouvez télécharger, entre autres sur Amazon, et que vous pouvez lire sur votre ordinateur, sur n'importe quelle tablette électronique, liseuse Kindle ou même sur votre téléphone intelligent.

Donc mon livre électronique peut maintenant être vendu des centaines de milliers de fois, ou mêmes des millions (j'espère ;-) sans le moindre effort supplémentaire. Une fois qu'il est écrit et disponible en format numérique, je peux le recopier, le revendre ou le donner sans jamais être limité par mon implication. Je n'ai pas besoin de faire imprimer le livre, je n'ai pas besoin d'inventaire ni d'un entrepôt J'ai simplement besoin d'une copie numérique, soit un format "PDF" ou un format "mobi" pour Amazon et le livre peut être reproduit sans fin.

Un livre numérique permet d'utiliser GRATUITEMENT certains des plus grands réseaux de distribution sur internet, tel Amazon (Kindle) et Apple (iBooks) ou Audible et iTunes, leurs services respectifs, pour la version audio du livre.

Est-ce que vous saisissez le potentiel d'une telle opportunité? Un produit numérique qui peut être reproduit sans fin, avec pratiquement aucun coût supplémentaire. Un produit qui peut être vendu continuellement, 24 heures sur 24, 7 jours sur 7, à la planète entière. Suffit d'utiliser les quelques stratégies que vous apprenez dans ce livre…

C'est exactement la même chose avec une formation en ligne. Une fois que vous avez filmé les vidéos de la formation, que vous avez écrit les documents qui seront offerts à vos élèves, les aides-mémoire (check-lists) et les autres documents connexes, vous n'avez plus qu'à le rendre disponible et en faire la promotion. Affichez le sur votre site web pour débuter, ensuite annoncez-le sur votre blogue et dans vos réseaux sociaux. Vous pouvez ensuite considérer faire un peu de publicité sur Google, Facebook ou YouTube.

Quelle est la différence entre un produit numérique (tel un livre électronique) et une formation en ligne? Est-ce que j'ai besoin d'avoir les deux?
Idéalement oui, car chacun répond à un besoin différent. Mais vous n'avez pas besoin de les faire en même temps. C'est aussi relatif à la vitesse à laquelle vous voulez vous démarquer et en profiter. Le livre permet de présenter votre expertise très rapidement à plusieurs personnes, simultanément et à un faible coût. Vous pouvez habituellement vendre un livre papier pour 25 $ ou moins, ce qui en fait une façon très abordable pour votre public cible d'apprendre quelque chose. Donc vos clients potentiels peuvent découvrir votre expertise sans trop de risque. Si ce que vous leur proposez les intéressent, certains passeront

à la prochaine étape, en vous contactant pour, par exemple, vous engager ou acheter votre formation en ligne.

En publiant avec certaines compagnies, comme Amazon, chaque livre peut être imprimé sur demande, donc seulement quand vous le vendez. Plus besoin d'imprimer des tonnes de copies, ce qui limite les dépenses. La version numérique du livre peut être offerte gratuitement, si vous le désirez, ou vendue pour aussi peu que 0.99$. Ainsi, votre message et votre expertise peuvent rejoindre le plus grand nombre de personnes. Lorsque les gens auront votre livre en main, ils en sauront déjà beaucoup plus sur vous et ce que vous pouvez faire pour les aider.

Pour ce qui est de la formation en ligne, il faut comprendre que celle-ci vous permet d'utiliser certaines outils supplémentaires auxquelles le livre n'a pas accès. Par exemple, dans ce livre je vous explique ce qu'est une "squeeze page". Dans une formation en ligne (par vidéo), je peux en plus de vous l'expliquer, vous démontrer visuellement ou même vous enseigner comment en créer une pour votre entreprise.

C'est exactement ce que j'ai créé avec mon expertise. D'abord j'ai écrit et publié un livre pour vous expliquer ce qui est possible. Ensuite, j'ai créé des bonus sur le web qui accompagnent le livre (disponibles en vous inscrivant à ce lien: AlainPomerleau.com/prochain-chapitre). Puis ensuite pour ceux qui désirent aller plus en profondeur, je propose une formation en ligne qui leur permet d'en apprendre plus. La formation en ligne permet de faire le survol de tout ce que j'ai appris au cours des dernières années et ainsi avoir rapidement accès à mon expertise. En seulement quelques heures, les participants pourront faire le tour des connaissances qui m'ont coûtés plusieurs milliers de dollars en formation et des années d'apprentissage.

Pour les participants, la formation en ligne devient très intéressante, car cela leur permet d'en apprendre davantage sur des sujets parfois très spécialisés ou sur des sujets spécifiques et de le faire à leur propre rythme, dans le confort de leur maison. Ce type de formation est habituellement plus abordable pour les participants car le formateur peut offrir la même formation à plusieurs personnes à la fois. Alors qu'en consultation personnelle, les coûts seraient beaucoup plus élevés.

C'est exactement, ce qui s'est passé en Nouvelle-Zélande où j'apprenais avec un des plus grands experts en marketing sur la planète. J'ai eu les moyens de me payer l'expertise de ce formateur parce que celle-ci était offerte en ligne. La formation me coutait 3000$ (en dollars américains quand même) au lieu de 50,000$ pour une journée de consultation. De son côté, le formateur offrait des prix plus bas parce qu'il formait plusieurs personnes simultanément.

En plus, la formation en ligne (le produit numérique) vous permet de rejoindre des gens auxquels vous n'auriez jamais eu accès dans le passé, ne serait-ce qu'à cause de la distance. Je n'aurais jamais pu être à San Diego une fois par mois pour suivre cette formation, puisque je vivais en Nouvelle-Zélande cette année là !

Questions fréquentes concernant la création d'une formation en ligne

Typiquement, les gens se demandent si c'est possible de créer une formation en ligne dans leur secteur d'activités? Plusieurs vont se dévaloriser en disant quelque chose du genre: "je ne suis pas un expert !" D'autres ne savent simplement pas par où commencer.

Pour répondre à la question : par où commencer, j'espère que ce livre sera un bon point de départ. Car en plus de vous apprendre les toutes dernières stratégies de marketing web disponibles, j'espère qu'il aura stimulé en vous une réflexion sur ce que vous pourriez enseigner au reste du monde.

Vous n'êtes pas un expert, me direz-vous

L'obstacle le plus fréquent est souvent... vous-même. La plupart des gens (et je m'inclus parmi eux) ont la fâcheuse tendance de se sous-estimer et de croire que ce qu'ils font (ou ce qu'ils connaissent) n'est pas spécial ou suffisant pour être vendu en ligne. Ils prennent pour acquis leur expertise car ils ont déjà cette connaissance. Ce qu'ils savent déjà leur parait évident. Étrangement, plus les gens ont des connaissances avancées, moins ils se sentent experts, car ils savent qu'il y a toujours quelque chose d'autre à apprendre et que ça ne finit jamais. Pour ces raisons, vous pensez que vous n'êtes pas un expert en la matière.

Pas besoin d'avoir un doctorat sur le sujet que vous désirez enseigner

Quand vient le temps de partager vos connaissances en ligne, vous devez penser à ceux qui commencent, à ceux qui en savent moins que vous. C'est eux qui deviendront vos clients potentiels, si votre service ou produit répond à leurs besoins. Vous avez une expertise ou, disons simplement quelque chose que vous faites particulièrement bien, il y a fort à parier que certaines personnes voudraient bien apprendre comment vous arriver à faire ça.

Pour quelqu'un qui ne sait pas ce que vous savez, vous êtes un expert

Prenons l'exemple d'un mécanicien. Vous serez d'accord avec moi que l'éducation qu'il reçoit à l'école est déjà connue par des milliers d'autres mécaniciens dans le monde et par des mordus de la mécanique autodidactes. Pourtant, tous les jours, les mécaniciens chargent entre 65$ et 95$ de l'heure pour réparer nos voitures. Ça nous semble tout à fait normal parce qu'on est habitué d'aller au garage pour faire réparer notre voiture.

Ils offrent un service que la plupart d'entre nous ne pouvons pas faire ou ne voulons pas faire. J'en suis l'exemple parfait car je n'ai aucun intérêt pour les voitures. Je veux simplement que ma voiture m'amène du point A au point B de façon sécuritaire. Désolé pour tous les mordus de la mécanique et des voitures. Ce n'est pas par manque de respect pour les "gars de garage". Bien au contraire, j'ai même écrit et enregistré une chanson intitulée: "J't'un gars de garage" que vous pouvez télécharger gratuitement en vous inscrivant pour les BONUS accompagnant ce livre (seulement pour le plaisir de la chose ou pour sourire). J'ai beaucoup de respect pour les garagistes, surtout ceux qui parlent mon langage, c'est-à-dire celui du consommateur. Un langage compréhensible par des néophytes en mécanique.

C'est grâce à des gens comme moi et des milliers d'autres propriétaires de voitures que les garagistes n'ont pas besoin de "réinventer pas la roue." Ils peuvent très bien gagner leur vie en offrant un service à des gens qui ne possèdent pas leurs compétences.

C'est la même chose avec un produit numérique comme une formation en ligne. La formation n'a pas besoin d'être unique au monde et innovatrice. Ce qu'il faut, c'est que la formation réponde à un besoin, comme résoudre un problème, pour quelqu'un, quelque part.

Prenons l'exemple d'un garagiste qui désire créer une formation en ligne. Disons qu'il décide de se filmer afin de créer une série de vidéos pour des consommateurs qui veulent prendre soin, eux-mêmes, de leur voiture. Pensez-vous qu'il y a un marché pour ce genre de formation en ligne ? Vous pouvez en être certain. Il y a des milliers de personnes qui seraient très intéressées d'apprendre les conseils d'un expert sur l'entretien de leur voiture. Je peux vous assurer qu'il y a là un potentiel intéressant pour une formation en ligne qui pourrait aider à diminuer les factures chez le garagiste.

D'ailleurs c'est un phénomène qui explose en ligne, celui du DIY ("Do It Yourself" - Faites-le vous même). Un exemple, pour les amateurs de voiture... Supposons qu'un un spécialiste de la mécanique propose une formation en ligne, avec vidéo à l'appui, sur les 10 choses que vous pouvez faire pour diminuer votre facture chez le garagiste. S'il vend cette formation pour 97 $ et qu'elle permet de sauver jusqu'à 4 heures de temps au garage (à 65 $ de l'heure,) cela veut dire que celui qui achète la formation économise potentiellement 163 $ (4 x 65$ moins 97$)

en plus d'apprendre comment mieux entretenir sa voiture (et ce, probablement répétitivement car l'entretien d'une voiture revient de façon régulière).

Peut-être allez-vous me dire que ce n'est pas rentable pour le garagiste de faire une série de vidéos et de la vendre seulement 97 $ alors que ça risque de lui prendre au moins 10 heures pour tourner les vidéos, sans compter le montage, le site web et le marketing. Et bien vous oubliez (ou ne réalisez pas encore) le pouvoir de l'internet, c'est-à-dire rejoindre presque tout le monde sur la planète et systématiser le processus de vente (voir le chapitre sur l'automatisation.) Ce processus peut se répéter à long terme, sans coûts additionnels. Cela veut dire que le garagiste qui possède une telle formation pourrait la vendre des milliers de fois, sans ajouter beaucoup d'efforts (vous verrez au chapitre entourant le dernier ingrédient essentiel : INVITER, comment vous pouvez faire pour augmenter vos ventes avec un minimum d'effort et d'investissement.) Si le garagiste vend cette formation 1000 fois, cela lui fait un bon retour sur son investissement. Même s'il avait investi 5000 $ (ce qui serait un montant élévé pour ce type de projet) pour la création de son produit numérique, le site web et le marketing, cela représente 97000 $ de vente pour un investissement de 5000 $. Pas mal pour quelques heures de travail. Même s'il vend seulement 100 formations avant d'être désuettes, il aura doublé son investissement.

Cet exemple comprend un seul produit numérique. Imaginez s'il avait 2, 3 ou 4 formations différentes et en plus, si elles étaient plus avancées et donc plus chères… Est-ce que vous commencez à voir le potentiel des produits digitaux ?

Je peux vous assurer qu'un tel produit peut se vendre en ligne, car c'est le même principe que dans la vie de tous les jours. Bien que certaines personnes en connaissent possiblement plus que vous (peut-être ceux de qui vous avez appris,) il y a toujours des gens qui peuvent apprendre de votre expérience.

Quand j'explique ce phénomène à mes clients, plusieurs

deviennent très enthousiasmés par ce concept et nous amorçons aussitôt la creation de leur programme de formation en ligne pour offrir leur expertise.

D'autres sont réticents et soulignent parfois qu'il y a déjà plein de gens qui offrent le même genre de service qu'eux sur internet. Habituellement face à ce type de commentaires, j'essaie de les rassurer en expliquant que c'est seulement une petite voix intérieure qui les fait douter d'eux-mêmes. C'est normal de douter de nos capacités et possiblement du jugement des autres. Je leur rappelle alors que s'ils ont choisi de vendre un certain produit ou service, c'est qu'ils croyaient qu'il y avait là un potentiel de vente intéressant. C'est la même chose en ligne. Je dirige également leur attention sur le nombre de livres de recettes disponibles sur le marché ou le nombre de CDs de Noël enregistrés par différents artistes. C'est une preuve qu'il y a un marché pour ça et que ça se vend. Chaque livre de recettes ou CDs de Noël est différent parce que chaque créateur apporte sa personnalité au produit ou sa propre façon d'interpréter son expertise. C'est la même chose avec les formations en ligne, chaque formateur enseigne différemment que ses "compétiteurs" et selon son expertise et expérience. Par exemple, certains formateurs peuvent enseigner d'une façon qui plait aux femmes alors que les hommes pourraient préférer un autre style d'enseignement. Ce qui me fait penser qu'une formation en ligne par une mécanicienne qui desire enseigner aux femmes comment prendre soin de leur voiture (pour ne pas dépendre d'un homme), pourrait avoir un excellent potentiel auprès des femmes qui aiment être autonomes…

Finalement, je termine ce chapitre en mentionnant une inquiétude que certains clients utilisent comme excuse: "on peut déjà trouver gratuitement le genre d'information que je veux offrir sur le web " Ce qui m'amène à traiter de la question: Gratuit vs Payant.

Information gratuite vs payante
Il est important de noter que je ne parle pas ici des gratuités mentionnées plus tôt, ceux que vous offrez en échange d'un

courriel. Il est plutôt question des gens qui vont essayer de tout trouver gratuitement sur internet à l'aide de recherches, plutôt que de payer pour acquérir l'information.

C'est vrai que l'on trouve de tout en ligne et qu'il y a beaucoup d'informations gratuites. Mais il y a quand même un "prix à payer" pour la gratuité. Premièrement il faut la trouver. Vous savez aussi bien que moi que ce n'est pas parce que vous tapez "mécanique sur internet" dans un moteur de recherche que vous allez trouver ce que vous cherchez. On peut parfois tourner en rond pendant des heures pour trouver exactement ce que l'on cherche. Est-ce que ces 3 heures sont gratuites? Si oui, cela veut dire que vous évaluez votre temps à zéro dollar de l'heure! Si vous gagnez habituellement 25 $ de l'heure, cette recherche "gratuite" vous a coûté l'équivalent de 75$. Si on vous offrait à la place une formation pour 50$ ne seriez-vous pas gagnant ?

Sans mentionner la qualité de ce que vous allez trouver. Je fais régulièrement des recherches sur YouTube pour effectuer certaines réparations à la maison et souvent, je me retrouve à écouter un monsieur 'fait-tout' mal éclairé, difficile à entendre et capté par une caméra qui bouge tellement que ça donne mal au cœur. Je ne sais jamais s'il est compétent et si ce qu'il me dit de faire va fonctionner.

Alors qu'en achetant une formation en ligne, elle risque d'être de meilleure qualité et aura probablement une garantie de satisfaction (habituellement 30 à 60 jours.) Si vous n'êtes pas satisfait, vous n'avez qu'à demander un remboursement. Vous aurez possiblement un moyen de communiquer avec le formateur pour poser des questions afin de préciser certaines de ses techniques.

Sur ce sujet, un bonus intéressant à offrir avec une formation en ligne, est une heure en direct avec le formateur pour répondre aux questions des clients (voir le chapitre sur la webdiffusion).

En plus d'offrir une plus-value aux participants, ce processus permet à l'expert d'améliorer sa formation. Si la même question revient souvent, elle pourrait inspirer la prochaine formation à offrir. Les questions indiqueront au formateur ce que les clients veulent apprendre sur son domaine d'expertise, quels sont leur besoins et quels problèmes ils ont. Ce qui aidera le formateur à créer d'autres formations pour répondre à ces besoins, si la première n'y répond pas déjà.

Pour revenir à la gratuité, vous comprenez maintenant que certains internautes ne paieront jamais pour une formation car ils cherchent toujours la gratuité. C'est parfait comme ça. Ils ne seront tout simplement pas vos clients et vous ne devez pas perdre votre temps avec eux. Ce qui est intéressant sur le web c'est qu'il y a différents types de gens et différents intérêts. Vous pouvez donc mettre vos efforts vers ceux qui sont intéressés par vos produits et services et qui veulent sauver du temps.

Vous avez vu dans le chapitre "Rencontrer" comment attirer vos clients potentiels et repousser les autres. Il ne faut surtout pas essayer de plaire et de vendre à tout le monde. Vous avez la possibilité de cibler votre marché et de diriger vos efforts vers ceux qui démontrent un intérêt pour ce que vous offrez.

Le web comporte des gens qui sont intéressés à apprendre et qui sont prêts à payer pour sauver du temps et de l'argent. Ceux-ci vont être attirés par des formateurs qui offrent une solution à leur problème.

Par exemple, le jour où j'ai décidé d'arrêter de chercher des formations gratuites et que j'ai commencé à acheter des formations d'experts, j'ai accéléré exponentiellement mon apprentissage et surtout, mon succès. J'ai appris de façon organisée et efficace, sans perdre de temps.

Je me souviens très bien des deux premières formations en ligne car elles m'ont coûté 3000$ américains chacune. C'était à ce moment beaucoup d'argent pour moi mais je peux vous assurer que je n'ai jamais regretté mon investissement. Je n'aurais jamais pu trouver toutes ces informations gratuitement et je n'aurai jamais reçu le suivi et l'aide des formateurs avec ces programmes.

En investissant en moi, j'ai accéléré de plusieurs mois mon apprentissage, possiblement de plusieurs années. Ça valait définitivement le prix. Sinon, je serais peut-être encore en train d'essayer de trouver des solutions gratuites, sans jamais être trop sûr de la qualité de l'information que je reçois.

Et vous, si vous aviez l'opportunité d'accélérez votre apprentissage d'une année, combien de dollars cela pourrait représenter? Une formation de 3000$ que vous investissez en vous peut habituellement être récupérée grâce à la nouvelle expertise fraîchement acquise, mais vous ne pouvez jamais récupérer le temps "perdu" à chercher des raccourcis gratuits...

Entre vous et moi, je préfère payer pour un garagiste qui sait de quoi il parle que de chercher un service gratuit. Puisque je ne m'y connais pas, je suis prêt à payer pour quelqu'un qui s'y connait et plutôt me consacrer à mon expertise, qui est de vous aider à promouvoir et à vendre sur le web.

Ce que j'essaie de vous expliquer c'est qu'il sera de plus en plus simple d'acheter des formations de qualité en ligne. Des formations qui répondent à des besoins spécifiques que nous avons. Les formateurs viendront de partout sur la planète et vous aurez accès à leur expertise en tout temps, à l'aide de l'appareil électronique de votre choix. Vous pouvez faire la même chose avec votre expertise. Il y a sûrement des gens qui sont prêts à débourser pour apprendre à partir de votre expertise et de vos expériences. Il n'en tient qu'à vous de leur offrir en créant votre propre formation en ligne ou produit numérique.

Alors si vous avez le goût de vous "cloner", de créer une seule fois et de récolter à plusieurs reprises, je vous encourage à ajouter des produits numériques ou des formations en ligne à votre arsenal de vente.

Regardons brièvement un autre type de vente que vous pouvez offrir en ligne, la promotion et la vente de produits affiliés…

PROGRAMME D'AFFILIATION

Sur internet, vous pouvez vendre et gagner un revenu même si vous n'avez pas de produits à votre nom!

Je veux prendre quelques instants ici pour introduire le concept fort intéressant et populaire, la vente de produits affiliés. Cette stratégie aide plusieurs personnes à faire leur première vente en ligne avec un produit qui ne leur appartient même pas.

Ce type de vente est appelé : "l'affiliate marketing". En français, le terme commun est "programme d'affiliation". C'est un type de marketing et de vente en ligne où vous recevez une commission quand vous vendez le produit d'une autre personne ou entreprise. Selon le service ou le produit en question, vous pouvez le vendre directement sur votre site internet ou en suggérant à votre public d'aller visiter le site, ou la page de vente du produit en question.

Ce type de promotion et de vente sur internet a pris de l'ampleur dans les années 90 avec l'arrivée d'Amazon. Cette compagnie a innové en introduisant l'idée de rémunérer des propriétaires de sites web pour promouvoir ses livres. L'échange était simple: "recommandez nos livres à vos visiteurs et vous toucherez une commission lorsqu'ils achètent".

Pour augmenter le nombre de visiteurs et donc le chiffre d'affaires des sites de commerce électronique, certains marchands ont proposé à des webmestres de sites populaires d'afficher leurs produits en échange d'une commission sur les ventes générées. Certains propriétaires de site, ou marketeurs en ligne, amassent des centaines de milliers d'abonnés sur leur liste de diffusion. Ils peuvent ensuite envoyer des offres promotionnelles de produits d'affiliés à ces abonnés.

Si vous décidez d'essayer ce type de stratégie, vous avez, entre autres, accès à une multitude de compagnies, dont un des plus grands magasins de vente en ligne, Amazon. Effectivement, vous pouvez vendre tous leurs produits à titre d'affilié. Vous n'avez qu'à remplir un formulaire d'adhésion pour devenir un "partenaire." Vous devez leur expliquer comment et où vous allez promouvoir les produits. Losqu'ils acceptent votre application, vous pouvez commencer à faire la promotion de n'importe quel produit sur votre site ou auprès de votre liste de diffusion. Certains vont même faire une évaluation de produit dans une vidéo qui sera publiée sur YouTube. Amazon, comme tous les sites qui permettent de vendre à titre d'affilié, vous donnera un code unique qui permet de vous identifier à partir du lien de chaque produit. Lorsqu'une personne utilise votre lien pour acheter un produit, les logiciels vont attribuer la vente à votre compte.

Si vous avez une liste de diffusion, vous pouvez proposer à vos abonnés des produits que vous utilisez avec votre code de partenaire. Lorsque vos abonnés achètent le produit à partir de ce lien, vous recevez une commission!

À noter que plusieurs personnes vendent à la fois leurs produits en plus de suggérer des produits ou formations connexes à titre de partenaire.

Il est de bon usage d'informer vos visiteurs ou abonnés lorsque vos messages, pages ou présentations contiennent des liens d'affiliés. Vous voulez demeurer le plus transparent possible. Dans certains pays, comme les États-Unis par exemple, la loi vous oblige à informer les internautes.

Personnellement, je recommande seulement des produits que

j'ai déjà utilisés et dont je peux témoigner positivement. Par exemple, j'aime tellement utiliser le programme Clickfunnels que je le recommande à mes clients. Même chose pour la compagnie qui héberge mes sites web, mon fournisseur d'images, mon service d'autorépondeur, etc. Je recommande ces services car je les utilise personnellement et je sais qu'ils vont aider mes clients et leur faciliter la vie. En plus, je pourrai répondre à leurs questions s'ils en ont.

N'oubliez pas que votre réputation est en jeu. À court ou moyen terme, vous n'avez pas intérêt à recommander un produit sans savoir s'il est de bonne qualité. Vous ne voulez pas briser le lien de confiance avec votre public pour quelques ventes. De plus, si les gens demandent un remboursement, il n'y aura pas de commission. En plus de se désister de votre liste ou de ne plus ouvrir vos courriels, certains pourraient faire des commentaires négatifs à votre sujet sur le web.

Il faut voir l'affiliation comme une référence que vous donnez en personne. C'est l'équivalent de référer des produits ou fournisseurs que vous aimez à un ami. Si vous le faites avec intégrité, les gens tiendront compte de votre suggestion et vont respecter votre opinion.

Même lorsque vous vendez des produits affiliés, les ingrédients essentiels et les stratégies de marketing mentionnées dans ce livre s'appliquent quand même. Vous avez tout intérêt à bâtir une liste de diffusion qui vous servira pour proposer les produits d'affiliés. Si vous avez 10,000 personnes sur votre liste, vous augmentez votre potentiel de commission lorsque vous envoyez une promotion ou que vous publiez un article sur votre blogue, concernant le produit affilié.

Il y a aussi moyen de proposer des produits affiliés sans liste de diffusion en achetant de la publicité sur des sites tels Google et Facebook. Il faut cependant comprendre que vous devrez habituellement recommencer le même processus pour chaque produit que vous offrez. C'est-à-dire que vous devrez toujours rechercher des nouveaux clients potentiels, des nouvelles personnes intéressées pour chaque produit. À moins d'utiliser les annonces pour attirer les gens sur votre blogue ou une page, où vous avez l'opportunité de les ajouter sur votre liste, avant qu'ils achètent. Il est toujours préférable de penser à long terme et de bâtir une liste de diffusion qui vous servira à promouvoir plusieurs offres.

Il faut faire particulièrement attention à ne pas utiliser votre liste de diffusion uniquement pour vendre sans jamais offrir de contenu (gratuitement, sans attente de vente), car les gens auront tendance à se désister ou à ignorer vos messages.

Ce contenu peut prendre la forme d'une vidéo qui démontre comment utiliser efficacement le produit recommandé. Les entrepreneurs qui vendent des produits ou formations affiliés vont souvent ajouter des bonus à l'offre initiale. Il peut s'agir d'un produit ou formation qu'ils ont développé ou un produit pour lequel ils ont obtenu les droits de revente. Donc l'acheteur obtient l'offre initiale ainsi que des bonus uniques ajoutés par le partenaire affilié.

Par exemple, j'ai mentionné plus haut que je recommande souvent à mes clients un logiciel en ligne qui s'appelle Clickfunnels pour créer des funnels de vente. J'utilise régulièrement ce service et j'en suis tellement satisfait que j'ai décidé d'en faire la promotion. Je crois sincèrement que mes clients peuvent en bénéficier alors je n'ai aucune hésitation à le suggérer. Lorsqu'un client achète le produit en utilisant mon lien d'affilié, je leur donne en bonus une vidéo tutoriel pour les aider à utiliser rapidement le logiciel (incluant mes trucs). Puisque les vidéos tutoriels offertes par la compagnie ClickFunnels sont disponibles en anglais seulement, ma vidéo est grandement appréciée par les acheteurs francophones. C'est une façon pour moi de remercier mes clients d'avoir utilisé mon lien. Une approche gagnant-gagnant !

Les avantages de vendre des produits affiliés
- Pas besoin de créer des produits
- Limite la création de matériel marketing pour le produit

- Pas besoin d'offrir du service après-vente (celui qui vend le produit s'en occupe)
- Peut vendre plusieurs produits simultanément
- Pas d'inventaire à tenir
- Rapide à mettre en place!

Certains désavantages à vendre des produits affiliés

- Vous perdez votre commission si la personne demande un remboursement
- Vous êtes dépendant des compagnies qui produisent ou vendent les produits. Vous n'avez aucun contrôle. Après tout, vous vendez le produit de quelqu'un d'autre et si l'entreprise retire le produit du marché, peu importe la raison, vos efforts sont perdus ainsi que votre revenu.
- Vos revenus sont limités, comparativement à vendre vos propres produits ou formations. Bien qu'il est possible de faire beaucoup d'argent en vendant les produits des autres, le potentiel de revenu est beaucoup plus important quand vous vendez vos propres produits ou formations en ligne.

Plusieurs blogueurs se spécialisent dans la revue ou critique de produits. Ils présentent un produit aux internautes à travers un article ou une vidéo, en indiquant les points positifs et négatifs. Ils utilisent ensuite leur lien d'affilié afin que les internautes intéressés puissent acheter le produit.

Voici comment vous pouvez utiliser cette stratégie. Vous créez une vidéo qui démontre le produit; comment il fonctionne; ses bons côtés et ses faiblesses. Vous pouvez ensuite ajouter la vidéo sur votre compte YouTube en utilisant un titre approprié (ex:
"Les 10 meilleures caméras vidéos pour 2016"). Cette approche vous permettra de profiter de l'aide de Google quand les internautes font une recherche pour s'acheter une caméra. Dans la vidéo, vous pouvez mentionner et afficher votre lien d'affilié et l'ajouter dans la description. Vous pouvez rediriger les internautes vers votre site ou directement vers la page de vente

du produit. Idéalement, vous les dirigez vers votre site internet afin d'acquérir leur adresse courriel avant qu'ils achètent.

Une autre façon de faire de l'argent avec des produits affiliés est d'installer des bannières publicitaires sur son site web. Cette approche passive permet de diriger les internautes vers les sites en utilisant les liens affiliés. Si vos visiteurs cliquent sur les bannières et achètent le produit, vous recevez une commission.

Le rendement est toujours moins efficace avec des bannières. Cette approche ressemble davantage à la publicité traditionnelle, où il n'y a pas nécessairement de relation de crée ou de valeur ajoutée.

La commission que vous recevez à titre d'affilié est déterminée par la compagnie qui l'offre et peut varier selon le produit. Si c'est un produit physique, le pourcentage est habituellement plus bas, car il y a des coûts de fabrication et de livraison. Pour ce qui est des produits numériques, les propriétaires peuvent se permettre d'être plus généreux, car il n'y a pas vraiment de coûts supplémentaires, s'ils en vendent un seul ou 100,000.

Une pratique courante avec les produits numériques est d'offrir jusqu'à 50% de commission à l'affilié. Alors, si vous avez une formation en ligne d'une valeur de 200$. Vous en faites la promotion dans votre réseau, avec votre liste de diffusion, sur Facebook, etc. Vous êtes limité aux personnes sur votre liste ou à la publicité que vous placez en ligne. Pour accélérer le processus, vous pouvez approcher quelqu'un qui a déjà une liste de diffusion et qui est à l'aise de vous promouvoir. Si cette personne a des centaines ou milliers de personnes et que vous lui offrez 50% de commission, chaque vente représente 100 $ pour chacun de vous.

Dans un scénario ou la personne possède une liste de 3000 abonnés, si 10% d'entre-eux achètent votre produit, vous aurez chacun 30,000$ de plus dans vos poches et vous aurez, en plus, 300 nouveaux clients ajoutés sur votre liste de diffusion. Vous êtes tous les deux gagnants !. Cette pratique, qui s'appelle communément "joint-venture" (abrégé par "JV"), utilise des liens et un processus semblable à la vente de produits d'affiliés.

Si vous avez un programme d'affiliation en place et en faites mentions sur votre site ou sur des réseaux spécialisés, il se peut que vous receviez des offres pour vendre votre produit. Dans ce cas, vous lui donnez la permission et lui donnez une commission lorsqu'il réussit à vendre. Aussi simple que ça !

Voilà donc un processus pour vendre sur internet même si vous n'avez pas de produits qui vous appartiennent. Par contre, gardez en tête qu'à partir du moment ou vous aurez vos propres produits ou formations en ligne, vous pouvez vous-même avoir des affiliés qui les vendent pour vous, ce qui accélère vos résultats. Le site Clickbank est un des plus importants site d'affiliés où vous pouvez vendre à titre de partenaire ou offrir vos produits pour être vendu par des partenaires.

À ce point, vous avez décidé de ce que vous vouliez accomplir sur internet, vous avez rencontré et acquis les adresse courriels de vos visiteurs; vous avez entamé la conversation avec eux en leur donnant du contenu de valeur et enfin, vous leur avez offert vos produits et services. Vous êtes maintenant prêt pour découvrir le 5ième ingrédient essentiel de la vente et la promotion sur internet: l'AUTOMATISATION. C'est-à-dire que vous êtes prêt à organiser vos stratégies de marketing pour qu'elles fonctionnent sur le "pilote automatique"…

INGRÉDIENT #5 - AUTOMATISER

Je ne sais pas si vous êtes comme moi, mais quand je trouve le moyen de faire mon travail une seule fois et de voir les résultats se répéter automatiquement, ça me fait sourire...

AlainPomerleau.com

L'internet offre d'excellentes opportunités pour automatiser certains éléments de votre entreprise, tels vos efforts de promotion et de vente. L'outil le plus populaire dans le monde des automatisations est sans contredit l'autorépondeur.

À plusieurs endroits, dans ce livre, je vous ai suggéré d'acquérir l'adresse courriel des internautes en échange d'une gratuité que vous leur offrez. Lorsque vous avez l'adresse de vos visiteurs, vous pouvez commencer à communiquer avec eux en utilisant, entre autres, un autorépondeur.

Cet outil vous permet d'automatiser plusieurs actions à faire lorsqu'une personne s'inscrit sur une de vos listes de diffusion. En voici quelques exemples :

- Leur envoyer un courriel leur souhaitant la bienvenue.
- Leur envoyer la gratuité qu'ils ont demandée.
- Leur envoyer du contenu, de l'information, de la formation à propos de votre produit ou expertise.
- Les inscrire à une webconférence ou leur envoyer une invitation.

- Envoyer votre plus récent bulletin ou nouvelles.
- Et tellement plus.

Donc si vous faites affaires sur internet, vous abonner à un service d'autorépondeur devrait être parmi les premiers gestes que vous posez.

Selon une recherche par *Havard Business Review*, les compagnies qui interagissent immédiatement ou dans les premières 60 minutes suite à l'intérêt qu'a démontré une personne envers leurs produits ou services ont beaucoup plus de chance de faire une vente.

D'ailleurs, si vous ne contactez pas les gens qui s'inscrivent aussitôt qu'ils ont démontré de l'intérêt, il y a fort à parier que ceux-ci vont vous oublier et passer à d'autres activités sur internet ou ailleurs.

Donc vous devez ajouter l'autorépondeur à votre arsenal de marketing aussitôt que possible. Vous trouverez plus de détails à ce sujet dans le chapitre suivant.

Il existe aussi des outils qui vous permettent d'automatiser complètement votre processus de vente en ligne. Si vous êtes curieux à l'idée de mettre en place un système de vente automatisé, je crois que vous allez adorer en apprendre davantage sur les "funnels de vente". Ce type de stratégie aider à cibler les internautes potentiellement intéressés à vos produits et les guident de clients potentiels à clients. Le processus de vente peut également maximiser les résultats en suggérant des produits complémentaires, un peu comme chez McDonalds ("des frites avec ça ?"). Il est possible de prévoir plusieurs scénarios, qui fonctionnent automatiquement, selon les étapes que vous avez déterminées dans votre processus de vente.

Les 2 prochains chapitres vont justement traiter de ces deux outils/stratégies de marketing: l'autorépondeur et les "funnels de vente"…

L'AUTORÉPONDEUR

À moins que vous aimiez répéter des centaines de fois la même action, un autorépondeur deviendra votre meilleur ami sur internet…

Alain Pomerleau.com

L'autorépondeur est le plus populaire et important, systèmes automatisés que vous pouvez (et devriez) utiliser sur internet. Cet outil vous sauvera énormément de temps et vous aidera à atteindre plusieurs objectifs dans vos efforts de marketing en ligne. Par exemple, il permet d'accumuler les adresses courriel des gens intéressés par votre expertise dans une liste de diffusion. Il vous permet aussi d'automatiser l'envoi de vos courriels. Rappelez-vous que l'envoi de courriels à votre liste est une des meilleures façons pour rejoindre vos clients existants et potentiels afin de leur offrir du contenu, les éduquer ou même leur proposer vos produits et services.

Qu'est-ce qu'un autorépondeur

Un autorépondeur est un logiciel qui vous permet de recueillir les adresses courriel de vos visiteurs, clients ou de clients potentiels. Le système permet de créer différentes listes de diffusion afin de différencier les adresses selon les besoins. Par exemple, une liste pourrait servir pour les clients potentiels et une autre pour les clients existants. Les listes peuvent être séparées selon les intérêts ou selon les régions géographiques. L'autorépondeur vous permettra d'envoyer le même courriel à toutes les adresses courriel d'une liste, ou de plusieurs listes, simultanément. Le logiciel enverra chaque courriel de façon individuelle, peu importe s'il y a deux récipiendaires ou plusieurs milliers. Il est possible de personnaliser chaque message en insérant des informations incluses dans le système, par exemple, le prénom de la personne inscrite. Cette approche donne l'impression que les messages ont été écrits spécifiquement pour chaque personne.

Les autorépondeurs sont souvent utilisés comme outils de marketing pour répondre immédiatement à un client qui s'inscrit sur une de vos listes en échange d'une gratuité. Il est commun d'utiliser cette fonction pour remercier le visiteur, pour confirmer son inscription, envoyer des informations ou documents et par la suite, pour relancer la personne inscrite à un intervalle prédéterminé. L'envoi de tous ces messages pourra être automatisé.

La plupart des autorépondeurs sont hébergés par des fournisseurs qui offrent ce service, habituellement à travers une interface Web, pour un frais mensuel ou annuel. Un compte permet de créer une ou plusieurs listes de diffusion et de définir ses séquences de réponses automatiques pour chacune. Le principal avantage de ce type de service est la stabilité du système et la facilité d'utilisation pour le client qui n'a pas à gérer le serveur et le logiciel utilisés.

Certains logiciels autorépondeurs sont gérés par l'utilisateur qui achète une licence d'un logiciel ou qui développe son propre logiciel et qui l'héberge sur son propre serveur. Cette approche permet à l'utilisateur de réduire ses frais, mais il, doit en échange, gérer lui-même son logiciel et son serveur. Cette procédure est assez complexe et risque d'obtenir des résultats décevants.

Selon moi, il est préférable d'utiliser un service fiable et reconnu. Ce n'est pas un bon endroit pour essayer d'économiser. Héberger votre propre autorépondeur risque de vous causer plus d'ennuis que d'économies. Par exemple, l'aspect de sécurité: si vous hébergez vous même ce service sur votre site internet ou votre propre serveur et que vous vous faites pirater ("hacker"), vous risquez votre réputation et d'avoir à tout recommencer. Pour éviter cela, il est idéal d'utiliser des services reconnus. En plus, ils vous offriront plusieurs options que vous ne pourriez pas utiliser par vous-même, à moins d'être un expert en programmation.

Avantage et exemple de l'autorépondeur

Il vous permet d'accumuler les adresses courriel des personnes qui démontrent de l'intérêt pour votre expertise, vos produits ou votre compagnie. Le plus grand avantage est définitivement celui d'automatiser et de faciliter la communication avec les clients existants ou potentiels. Donc vous faites le travail une seule fois et l'autorépondeur le répétera des milliers de fois automatiquement, au besoin.

Sur un site de commerce en ligne, l'envoi de remerciements après un achat de service ou l'accès à un produit numérique constitue des exemples d'automatisation. Vous écrivez un courriel de remerciement, dans lequel vous vous présentez un peu et indiquez les coordonnées pour vous contacter s'ils ont des questions ou des commentaires. C'est l'équivalent de recevoir l'appel d'un représentant des ventes pour vérifier si le produit que vous venez d'acheter répond à vos besoins et s'il peut vous aider à l'utiliser.

Voici un autre exemple : lors de l'inscription sur une de vos pages web, la gratuité peut aussitôt être envoyée automatiquement à l'abonné (que ce soit un livre, un rapport, un coupon-rabais ou un échantillon gratuit). Une série de courriels peut par la suite être envoyée au nouvel inscrit de façon automatisée. Cette stratégie est très efficace pour établir une relation et de l'intérêt pour vos messages.

Concrètement cela veut dire que vous pouvez écrire 4 ou 5 courriels à l'avance par exemple et les insérer dans une séquence de votre autorépondeur. Ainsi, aussitôt qu'une personne s'inscrit, l'envoi d'un premier courriel de remerciement est déclenché. Ensuite, l'autorépondeur peut être programmé pour attendre une certaine période, comme 24 heures plus tard, pour envoyer un autre courriel. Ce deuxième courriel peut servir à vous présenter et à expliquer comment vous pouvez les aider. Deux jours plus tard, vous pouvez leur envoyer un troisième courriel leur donnant encore plus d'informations sur le sujet qui les intéressent, par exemple, en offrant des trucs d'utilisation. Le quatrième courriel pourrait être une offre, un produit que vous leur proposez en rabais ou une invitation à une webconférence pendant laquelle vous allez démontrer les 3 meilleurs trucs pour profiter du produit qu'ils viennent d'acheter ou de recevoir gratuitement, etc. Tous ces courriels peuvent être "pré-programmés" et déclenchés automatiquement par votre autorépondeur lorsqu'une nouvelle personne s'inscrit sur votre liste.

Les séquences que vous créez dans votre système peuvent être aussi simples ou complexes que vous le désirez. Il y a aussi moyen de diviser/segmenter vos listes selon les intérêts de vos abonnés, selon les actions qu'ils auront prises ou même les actions qu'ils ne prendront pas.

Pourquoi vous faut-il absolument un autorépondeur?

- Pour automatiser vos envois de messages avec vos clients potentiels et ceux existants. En créant différentes listes de diffusion selon le type d'abonné (ex: l'abonné est un prospect ou un client qui a déjà acheté), l'autorépondeur vous permettra de communiquer avec chaque groupe de façon beaucoup plus personnalisée et selon leurs besoins et intérêts.
- Par exemple, pour un client potentiel, vous pourriez lui démontrer les avantages de vos services en lui envoyant des trucs, une période d'essai gratuite de votre logiciel ou une copie gratuite de votre nouveau livre.
- Pour une personne qui a déjà acheté vos produits ou services, après avoir envoyé un message de remerciements, vous pourriez envoyer une série de messages expliquant comment utiliser de façon efficace ce qu'elle a acheté de vous. Les courriels peuvent aussi inclure des trucs ou fonctions plus avancés pour utiliser

le produit ou service en question.

- Afin de personnaliser vos courriels, presque tous les autorépondeurs incluent un moyen ou un autre d'insérer des informations, incluant le nom du client ou toute autre information qui a été saisi lors de l'inscription. L'autorépondeur vous permet de rendre la communication en ligne plus humaine, car vous écrivez des séquences ou séries de messages selon leurs intérêts et/ou achats.

- Pour conserver des copies de sauvegarde de vos listes de contacts. En plus de permettre la sauvegarde de vos listes sur votre ordinateur, l'autorépondeur gardera une copie des listes sur son serveur sécurisé. Ils ont habituellement des processus de sécurité afin de s'assurer que vos données soient protégées en cas de pannes ou bris d'équipement. Ces listes d'adresses courriel accumulées au cours de plusieurs mois ou années doivent être gardées précieusement, car elles vous permettent de rejoindre directement vos clients existants ou potentiels et ainsi faire de l'argent.

- Pour segmenter automatiquement les abonnés en fonction de leurs intérêts ou de leurs actions (par exemple, s'ils ouvrent un message, s'ils cliquent sur un certain lien, s'inscrivent à un wébinaire, etc.).

- Pour communiquer avec eux de façon appropriée et structurée. Ils recevront des séquences de messages selon leurs intérêts, selon leurs achats ou non.

- Pour avoir de l'information, telles des statistiques, sur les actions de votre public. Presque tous les services d'autorépondeurs offrent des statistiques qui vous seront très utiles pour l'évaluation et la mise en place de stratégie de marketing :
    - Qui a ouvert vos courriels,
    - Qui et combien d'abonnés ont cliqué sur vos liens inclus dans vos courriels,
    - À quel moment ont-ils cliqué sur ces liens? Dans certains cas, cette information peut avoir une grande importance (tel déterminer la meilleure heure pour envoyer un message).

- Ceux qui se sont désistés. Parfois, vous aurez même l'occasion de leur demander la raison pour laquelle ils ont posé ce geste,
- Vous aurez aussi accès à toutes les adresses courriel problématiques ou désuètes,
- Vos résultats de livraison (délivrabilité). Par exemple, il est préférable d'avoir une liste de 1000 abonnés qui vous lisent à 75% plutôt qu'une liste de 10000 abonnés qui ouvrent vos courriels à 2% et qui ne cliquent sur aucun de vos liens. Sans compter que vous allez économiser en ayant une plus petite liste active, qu'une liste imposante qui vous ignore.

Ces statistiques vous donneront beaucoup d'informations permettant d'ajuster votre marketing pour avoir un meilleur rendement sur votre investissement, que ce soit de temps ou d'argent.

Je vous ai mentionné l'expression "The money is in the list" ("l'argent que vous ferez sur internet dépend de votre liste"), ce qui veut dire que vos revenus en ligne sont relatifs au nombre d'abonnés sur votre liste. Il faut aussi ajouter à cela que ces revenus ne dépendent pas uniquement du nombre de personnes sur votre liste, mais aussi de leur participation. Est-ce que les gens ouvrent et lisent vos courriels? Vont-ils visiter les liens que vous avez insérés dans vos messages? Peut-être que votre liste est morte et personne ne lit vos courriels? Avez-vous un grand nombre de fausses adresses courriel qui ne vont nulle part? C'est-à-dire que les gens vous ont donné de fausses adresses uniquement pour avoir accès aux gratuités que vous offrez. C'est peut-être par manque de confiance, car ils ont peur d'être inondés de messages publicitaires.

À noter qu'il y a un moyen de contrecarrer le phénomène des fausses adresses. Il suffit d'obliger les abonnés à s'inscrire avec ce qui se nomme un "double optin". C'est-à-dire que les gens s'inscrivent et le premier courriel que l'autorépondeur envoie automatiquement est un courriel pour confirmer leur inscription.

Ils doivent cliquer sur un lien dans ce premier message pour confirmer qu'ils ont demandé d'être inscrits sur cette liste. Ce processus prévient l'utilisation d'adresses fictives afin de recevoir la gratuité promise. Si la personne ne confirme pas son abonnement, rien ne va se passer. La gratuité n'est pas envoyée et le courriel ne sera pas ajouté à la liste. Cette option ajoute une étape pour l'abonné avant de recevoir sa gratuité, ce qui peut représenter un désavantage et réduire les inscriptions. Certains risquent de trouver le processus trop compliqué ou trop long et d'autres ne comprendront pas qu'ils doivent cliquer le lien de confirmation. Les internautes sont tellement habitués à la satisfaction instantanée que la moindre étape supplémentaire va limiter un peu les inscriptions. La patience est très limitée sur le web. En contrepartie, cette étape vous assure une liste de qualité supérieure et plus active. Vous allez également payer uniquement pour des personnes intéressées à vos messages. C'est à vous de considérer le pour et le contre du "double optin". À noter que dans certains pays, la loi oblige cette étape, c'est-à-dire que la personne doit absolument confirmer son inscription avant d'être ajoutée sur une liste de diffusion.

Il est donc vrai que vos revenus peuvent dépendre directement de votre liste, mais il est aussi important de la garder active et d'y faire le ménage à l'occasion.

Si vous décidez d'envoyer une infolettre, l'autorépondeur vous permettra de faire l'envoi manuellement à tous vos abonnés ou de le planifier à l'avance afin qu'il soit envoyé à une fréquence régulière (toutes les semaines ou mois et à la même heure). Encore une fois, gardez en tête que vous devrez écrire en fonction de leur intérêt, et non seulement utiliser ce message comme une brochure publicitaire, si vous voulez qu'ils ouvrent vos courriels ou vos infolettres.

Certains autorépondeurs - comme "ActiveCampaign" que j'utilise et j'adore (à tel point que j'ai créé une formation en ligne pour utiliser cet outil,) permet d'attacher des étiquettes (tags) aux gens quand ils s'inscrivent ou lors d'une action particulière (lien cliqué, achats, page web visitée, etc.). Cela vous permet de suivre exactement où ils se sont inscrits et quels produits ils ont achetés ou quelles gratuités ils ont reçues. Ont-ils cliqué sur vos liens dans le message envoyé? Ont-ils vu ou acheté une certaine offre? Est-ce qu'ils se sont inscrits à votre conférence? Ont-ils assisté? En ajoutant une étiquette selon leurs actions, vous pourrez en retour leur offrir des informations, des gratuités et des produits directement en relation avec leurs intérêts ou éviter d'envoyer des offres pour des produits déjà achetés.

Prenons l'exemple d'une personne qui s'inscrit sur une de mes pages web, disons la page Publier et Profiter, qui offre aux visiteurs un guide gratuit sur les raisons d'écrire et de publier un livre. Cette personne qui s'inscrit sur cette page m'indique qu'elle est intéressée à recevoir de l'information au sujet de la publication d'un livre plutôt que de la création d'un site web. En insérant son nom dans une liste appropriée à la publication de livres, je vais m'assurer d'envoyer à cet abonné des conseils sur l'écriture, le lancement et d'autres sujets connexes. Ces messages peuvent inclure des vidéos, wébinaires ou des offres reliées à cet intérêt. Si la personne clique ensuite sur un lien vers une page ou une vidéo qui explique comment écrire un livre rapidement, le système peut automatiquement ajouter une étiquette "écriture" alors qu'une personne qui visite un lien vers des stratégies de lancement une étiquette "lancement." Ces étiquettes peuvent me permettre de différencier les gens qui pensent écrire un livre de ceux qui semblent déjà en avoir un et qui ont besoin d'aide pour le lancement. Il est ainsi possible de mieux cibler les messages envoyés.

Il y a donc moyen de penser et de prévoir des séries de courriels selon le cheminement d'une personne, de ses actions, ou non-action, et d'écrire les messages à l'avance afin de les insérer dans les différentes campagnes ou séquences de courriels envoyés automatiquement.

Le prix
Le prix d'un tel service varie habituellement selon le nombre de contacts que vous avez. Certaines compagnies vont aussi

limiter le nombre de messages que vous pouvez envoyer par mois. Toutefois, c'est rarement un coût qui va vous limiter au début. De toute façon, dites-vous que le jour où un tel service vous coûtera plusieurs centaines de dollars par mois, ce sera sans doute parce que vous avez une bonne liste et vendez donc suffisamment pour en justifier ce coût.

Pour environ 10$ à 20$ par mois vous pouvez obtenir un service d'autorépondeur professionnel pouvant servir autour de 500 contacts. Le prix est habituellement relatif au nombre d'abonnés sur vos listes. Au cours des dernières années, j'ai utilisé quatre des plus populaires autorépondeurs que je juge abordables et assez simples d'utilisation: ActiveCampaign (mon favori), Mailchimp, Get Response et Aweber. En France, un des plus connus est SG-autorépondeur.

À noter que Mailchimp offre une version gratuite. Par contre, il y a un gros bémol: cette option ne vous permet pas d'utiliser la fonction autorépondeur. Uniquement pour la diffusion d'un message à 2000 abonnés ou moins. Cette option gratuite ne permet pas la préparation de séquences qui seraient envoyées automatiquement.

Comme je vous l'ai mentionné un peu plus tôt, l'autorépondeur devrait constituer un des premiers services à utiliser pour bien profiter des avantages du marketing en ligne et surtout pour automatiser votre entreprise.

Dans le prochain chapitre, nous verrons un autre aspect que vous avez intérêt à automatiser afin d'améliorer le rendement de votre marketing sur internet.

LE FUNNEL DE VENTE

"Au risque de me répéter ! Ne faites pas deux fois la même chose sur internet, plutôt automatisez et profitez des avantages de l'internet !"

AlainPomerleau.com

Un entonnoir de vente, aussi appelé "funnel de vente", est un système qui comprend toutes les étapes nécessaires pour amener un simple visiteur sur une de vos pages web, par exemple, à passer de visiteur à client potentiel pour éventuellement devenir client et de maximiser ses achats.

Un entonnoir de vente est donc ce qui transforme les visiteurs en abonnés et les abonnés en clients. Il est la pièce du casse-tête le plus important (et souvent négligé) pour générer des opportunités et faire des ventes sur le web. Vous apprendrez dans ce chapitre que tout ce processus peut être automatisé.

On appelle ça un entonnoir, car tout comme la forme d'un entonnoir, il y a un plus grand nombre de gens qui entrent dans le processus et à chaque niveau succédant, le nombre est réduit. Par exemple, les gens qui visitent votre site entrent dans l'entonnoir, une partie d'entre eux vont s'inscrire sur votre liste et ainsi passer au prochain niveau, de clients potentiels (ceux intéressés à votre produit). Ceux qui achètent quelque chose de vous passent à un autre niveau de l'entonnoir. Les niveaux suivants pourraient inclure l'achat de produits plus avancés ou la possibilité de travailler avec vous de plus près.

Typiquement, un funnel de vente va commencer avec une "squeeze page" (aussi appelé une "landing page") où vous offrez quelque chose gratuitement en échange des coordonnées de votre visiteur. (Une étape qui vous est maintenant familière suite à lecture de ce livre). Cette étape aide à identifier les visiteurs intéressés par ce que vous présentez. Ensuite le funnel va les rediriger automatiquement vers une page de confirmation où vous les remercier pour leur inscription. Cette page peut aussi servir à bien d'autres aspects du processus de vente. Par exemple, cette page de remerciement peut servir pour livrer la gratuité que vous avez promise ou vous pouvez les informer qu'ils recevront leur gratuité par courriel et les inviter à une webconférence où ils auront l'opportunité de suivre une formation gratuite, disponible seulement à ceux qui se sont inscrits. Bien entendu, cette présentation offrira un contenu qui est sur un sujet connexe où vous pourrez en profiter pour leur faire une offre à la fin. Pour cette étape de votre funnel de vente, vous pouvez les diriger vers une page où tout sera expliqué en détail et où ils pourront acheter directement en ligne. Votre "pitch de vente" sur cette page pourra être présenté à l'aide d'une vidéo appelée VSL (video sales letter) ou par écrit (long page sales letter).

Une autre façon de se servir de la page de remerciement est d'offrir un service ou un produit à vendre en rabais pour les remercier de s'être inscrits et les inciter à prendre action rapidement. Mais habituellement le type de produit vendu sera utilisé pour vendre un item à prix modique, car les gens ne vous connaissent pas encore. L'offre sera également disponible uniquement à ce moment. Donc ils doivent décider sur-le-champ s'ils désirent en profiter.

Ceux qui auront acheté un premier produit pourront poursuivre vers la prochaine étape de votre funnel de vente, qui consiste à offrir un autre produit qui complèterait très bien leur premier achat. Cette façon de faire, communément appelée "upsell" fonctionne bien avec une vidéo, que vous utilisez pour présenter les avantages de votre offre. Le funnel pourra même être conçu avec différents scénarios. Par exemple, si vos clients refusent l'offre, ils seront redirigés automatiquement vers une autre offre, un processus appelé "downsell." Cette offre peut être pour un autre produit ou une version moins coûteuse ou possiblement la même offre, mais cette fois-ci avec la possibilité d'étaler leur paiement sur plusieurs mois. Cette approche est populaire pour des produits ou formations plus dispendieux.

Offrir un autre produit complémentaire au premier produit acheté se fait déjà dans plusieurs domaines. Vous n'avez qu'à penser à McDonalds. Dès que vous achetez un hamburger, on vous propose immédiatement une frite et une boisson gazeuse.

Une autre compagnie qui se sert très bien de cette stratégie est Amazon. Vous achetez un produit et ils vous suggèrent aussitôt d'autres produits qui iraient bien avec votre choix. Ils vont également vous indiquer ce que d'autres clients ont aussi acheté avec ce produit (ce qui sert de preuve sociale). En plus, Amazon, envois divers courriels pour faire la promotion d'autres produits complémentaires à vos achats. Ils vont même vous rappeler certains produits que vous avez consultés (sans les avoir achetés).

Vous pouvez maintenant créer ce genre de processus et automatiser les étapes de ventes pour les produits offerts à vos visiteurs, selon leurs achats. La complexité de votre funnel est relative à votre domaine et aux étapes nécessaires pour vendre vos produits.

Avec un funnel de vente, vous pouvez offrir des items de plus en plus coûteux, en procédant de façon stratégique. En offrant un item peu coûteux au départ, comme un livre, vous permettez aux gens de vous "essayer" et s'ils ont la perception que vous pouvez les aider avec votre expertise, ils seront prêts à en avoir plus, donc passer rapidement au prochain produit plus avancé (et profitable)!

Le concept de l'entonnoir n'est pas nouveau. Les grandes compagnies ont fréquemment l'habitude d'annoncer des soldes . Lorsque les personnes intéressées se déplacent en magasin (donc le client potentiel est sur place), un vendeur pourra offrir d'autres produits complémentaires qui complémentent le produit en rabais. On a qu'a penser à la carte mémoire pour une caméra numérique, la garantie prolongée pour un ordinateur ou un produit nettoyant pour des chaussures. De plus, les entreprises vont régulièrement offrir une carte de fidélisation, qui offre des avantages intéressants, en échange pour les coordonnées des acheteurs. Ils pourront ainsi les solliciter à nouveau afin de leur présenter d'autres offres ou offrir d'autres produits. C'est une bonne méthode pour une entreprise qui cherche à augmenter sa liste de diffusion et fidéliser des clients.

Ce qui est nouveau, c'est qu'il y a maintenant des logiciels qui vous permettent de mettre en place des funnels pour une multitude de scénarios. Certains logiciels sont d'une simplicité impressionnante et ils permettent d'automatiser tous les éléments du processus. En utilisant ces outils, tout ce que vous avez à faire est d'emmener le plus grand nombre de visiteurs à la première étape et le système fait son boulot automatiquement. Les offres présentées seront adaptées aux actions ou aux achats des visiteurs. Un bon système vous offrira l'accès à toutes les statistiques nécessaires pour ajuster votre funnel et ainsi le rendre de plus en plus efficace.

Selon moi, le logiciel en ligne par excellence pour automatiser votre système de vente, quel que soit le type de funnel que vous voulez construire, est ClickFunnels. Même si je développe des sites internet depuis plusieurs années, j'utilise souvent ce logiciel pour me simplifier la vie et ajouter une ou plusieurs pages web qui présentent mes produits et services. Que ce soit une "squeeze page" ou "landing page", une page de vente, une page pour l'inscription et la présentation de mes webconférences ou un endroit pour facturer mes clients. ClickFunnels est un logiciel en ligne qui vous permet de créer toutes les étapes nécessaires pour vos funnels et même d'héberger ces pages sur leurs serveurs sécurisés. Je peux vous assurer qu'un tel service peut vous faire économiser énormément de temps en plus d'enlever les aspects techniques reliés au développement d'un site où toutes ces fonctions doivent être programmées à la pièce.

Lorsque vous combinez le potentiel d'automatisation de votre processus de vente par un funnel, avec l'envoi de vos messages par un autorépondeur, vous aurez accès à certaines des meilleures opportunités de marketing que l'internet peut offrir de nos jours.

Finalement, vous avez les 5 ingrédients essentiels pour votre succès, c'est-à-dire :

- Que vous vous êtes établis en précisant ce que vous voulez accomplir avec votre présence sur internet.
- Que vous avez rencontré l'internaute en lui donnant avant de demander, tout en acquérant son adresse courriel.
- Que vous avez établi une relation en communiquant avec eux.
- Que vous avez offert vos produits et services.
- Et que vous avez automatisé l'envoi de vos messages et de vos processus de vente,

Vous êtes prêts pour le sixième et dernier ingrédient essentiel, soit INVITER. Vous pouvez maintenant inviter le plus de visiteurs possible à vous découvrir. Il est temps d'envoyer des visiteurs (appelé "trafic") vers vos pages web. Que ce soit pour les inciter à visiter votre site, découvrir vos offres, vos webconférences, votre blogue, vos vidéos, ou pour simplement pour consulter votre contenu gratuit. C'est précisément le sujet du prochain chapitre…

INGRÉDIENT #6 - INVITER

"Va don jouer dans l'trafic !" - Expression utilisée à l'époque pour dire à quelqu'un qu'on ne voulait pas jouer avec lui et qu'il devait se trouver d'autres amis.

Sur internet, on découvre rapidement que le trafic est essentiel pour se trouver des nouveaux prospects, ou amis, intéressés à ce qu'on offre.

Nous sommes maintenant rendus à l'étape de la promotion et la vente en ligne où vous êtes enfin prêt à inviter des gens à vous découvrir. Vous avez peut-être développé un site web avec quelques pages, comme une "squeeze page" (ou plusieurs, si vous avez différents produits ou services). Vous avez un système pour acquérir les adresses courriel, la page de remerciement et une page de vente pour vendre directement en ligne. Peut-être même un blogue qui vous permet de publier votre contenu et une page pour vous rejoindre. Maintenant, vous êtes prêt à inviter un grand nombre d'internautes à vous découvrir, donc prêt à envoyer des visiteurs vers vos articles sur votre blogue ou directement vers votre "squeeze page", afin qu'ils entrent dans votre funnel.

Vous devez maintenant réaliser que même si vous avez la meilleure offre sur internet ou le plus important message à partager, si personne n'est au courant ou s'il n'y a pas de visiteurs, très peu de gens peuvent s'en prévaloir et vous ne pourrez pas la vendre. C'est comme une magnifique boutique avec des aubaines alléchantes. Si personne ne franchit le seuil de la porte, personne ne gagne. Alors il vous faut des visiteurs, communément appelés "du trafic."

Il existe 3 types de trafic disponible sur le web. Le trafic que vous contrôlez, le trafic que vous ne contrôlez pas et le trafic qui vous appartient.

Le trafic qui vous appartient

On va commencer la discussion avec le trafic qui vous appartient, car c'est le plus important. C'est celui vers lequel vous devez aspirer. Ce trafic, c'est vos abonnés sur votre liste de distribution. Ce sont ceux qui vous suivent, vos clients potentiels et existants qui se sont inscrits d'une façon ou d'une autre sur votre liste de distribution. Ce trafic vous appartient, car vous pouvez communiquer avec eux selon vos termes, en leur envoyant des courriels, en les dirigeant vers des nouveaux articles, des nouvelles vidéos ou de nouvelles offres. À toute fin pratique, vous pouvez créer instantanément des visiteurs vers l'article, le site ou la vidéo que vous désirez. Vous pouvez donc générer une quantité de trafic proportionnelle à votre liste de diffusion. Vous n'avez pas besoin de payer Google ou Facebook pour diriger ce trafic vers vos offres. Vous pouvez générer ce trafic en écrivant à vos abonnés aussi souvent que vous voulez (en vous assurant que d'offrir du contenu de qualité) sans devoir augmenter votre budget marketing. C'est donc votre propre réseau de distribution qui permet de livrer vos messages. Ce trafic est un actif important, il faut donc en prendre soin et bien traiter vos abonnés. Vous n'avez plus besoin de repayer pour communiquer avec eux, vous avez leurs coordonnées. C'est pour cette raison qu'il est primordial de convertir les visiteurs en abonnés le plus rapidement possible.

Le trafic que vous contrôlez

Vous contrôlez le trafic que vous achetez puisque vous décidez exactement où vous voulez l'envoyer. Par exemple, si vous achetez de la publicité avec Google, en achetant des mots-clés, afin de diriger les visiteurs vers une "squeeze page", ce trafic ne vous appartient pas, il appartient à Google, mais vous pouvez le contrôler en le dirigeant où vous voulez.

Il en est ainsi pour tous les types de trafic payant que vous achetez. Par exemple :

- Des bannières que vous achetez et qui sont publiées sur d'autres sites que le vôtre pour attirer du trafic chez vous. Vous payez le propriétaire du site où elles sont affichées et les visiteurs sont redirigés sur la page de votre choix lorsqu'ils cliquent sur la bannière,
- Les publicités dans lesquelles vous déboursez un montant quand les gens cliquent sur votre annonce "Pay-per-Click" (Facebook, Google, Yahoo, etc.)
- Les programmes d'affiliation ou les "joint-ventures" où vous payez une commission lorsqu'un partenaire vous envoie son trafic ou les abonnés de sa propre liste de diffusion et que ceux-ci achètent votre offre.

Vous devez comprendre que ce genre de trafic est désirable, car même si vous payez pour obtenir des visiteurs pour votre site, vous pouvez décider à quel endroit les envoyer. L'aspect moins intéressant est que pour obtenir plus de trafic, if faut payer plus. Comme ce trafic il ne vous appartient pas, le processus est à recommencer à chaque fois. C'est pour cette raison que lorsque vous achetez du trafic, il est important que vous dirigiez les visiteurs vers une "squeeze page" afin de les convertir en abonnés sur votre liste. Vous pourrez ensuite les guider stratégiquement vers votre funnel de vente.

Le trafic que vous ne contrôlez pas

Finalement, le dernier type de trafic est celui que vous ne contrôlez pas. Celui que certains appellent le trafic organique, car il vous arrive de façon plus ou moins naturelle. C'est souvent des internautes qui découvrent votre site internet par hasard. Possiblement au cours d'une recherche sur Google ou en consultant du contenu que vous avez publié, tel un article sur votre blogue ou une vidéo que vous avez publiée sur YouTube, qui traite d'un sujet qui les intéresse. Il inclut également tout le trafic qui est provient des réseaux sociaux (Facebook, Linkedin, YouTube, Instagram, Twitter, etc.). Encore une fois, gardez en tête que ces personnes ne sont pas sur votre plateforme, mais bien sur celle des réseaux sociaux. D'autres visiteurs vous découvrent par le "bouche-à-oreille", c'est-à-dire quelqu'un qui a mentionné ou suggéré votre site dans un commentaire public.

Vous ne contrôlez pas ce trafic, car vous ne pouvez pas être certain que les membres des réseaux sociaux recevront une mention ou verront ce que vous publiez. Par exemple, vous ne pouvez pas mettre un nouveau "post" sur Facebook qui va rejoindre tous vos abonnés, contrairement à vos listes de diffusion où une grande majorité devrait recevoir vos messages. Il est évident que vous ne pouvez pas forcer vos abonnés à lire votre contenu, mais au moins vous saurez qu'ils l'ont reçu et qu'un certain pourcentage ira voir ce que vous avez pour eux.

Tout comme le trafic que vous contrôlez, vous voulez convertir le plus tôt possible les visiteurs que vous ne contrôlez pas en abonnés. Une fois sur votre liste de diffusion, vous pourrez commencer à communiquer directement avec eux. C'est pour ça qu'un peu plus tôt, je vous suggérais de diriger les gens qui vous suivent sur les réseaux sociaux, vers votre site internet ou vers une squeeze page pour les encourager à s'abonner sur votre liste et ainsi faire partie du trafic qui vous appartient.

Vous avez donc deux options si vous souhaitez que vos offres ou vos articles sur votre blogue ou sur les réseaux sociaux soient vus: vous pouvez soit attendre que le trafic organique augmente avec le temps afin que vous soyez découvert au hasard, ou bien vous pouvez acheter du trafic.

Il y a 10 ou 15 ans, je vous aurais conseillé de créer quelque chose d'intéressant sur internet, d'ajouter du contenu et d'attendre que les internautes le découvrent et le partage. Aujourd'hui, il y a beaucoup trop de sites internet pour espérer être découvert par hasard, il vous faut donc une stratégie. D'autant plus qu'avec certains réseaux sociaux, tels Facebook et YouTube, vous pouvez maintenant acheter de la publicité hyper ciblée pour une bagatelle. C'est facile et surtout très rapide de tester une idée en ligne de nos jours et d'envoyer des visiteurs, ciblés pour votre marché, vers une offre pour voir si elle a du potentiel.

De mon côté, je ne suis plus intéressé d'attendre au hasard. Je préfère diriger du trafic stratégiquement vers ce que je désire. Donc j'utilise plutôt la deuxième option, qui est d'envoyer des visiteurs vers des publications et laisser le tri se faire naturellement entre ceux qui sont intéressés et ceux qui ne le sont pas.

Pour ce faire, je vais acheter de la publicité…

Achat de trafic par de la publicité

Dans ce chapitre, je vais surtout couvrir la publicité Facebook, car c'est la méthode que j'utilise le plus souvent. Ce réseau est probablement le plus simple à utiliser au début et celui qui donne le meilleur rendement sur votre investissement. Je vais également parler un peu de YouTube, car cette plateforme de publicité est de plus en plus abordable et efficace.

Le trafic payant est celui qui, par exemple, provient de la publicité que vous achetez sur diverses plateformes (Facebook, Linkedin, YouTube, Twitter, etc.) pour afficher vos annonces ou messages auprès de leurs membres. Ces annonces peuvent rediriger les internautes vers votre site web en utilisant un hyperlien. En achetant de la publicité, vous pouvez, par exemple, les diriger vers un article sur votre blogue, vers une "squeeze page" ou un wébinaire que vous présentez.

Un exemple concret pour mon entreprise serait d'acheter de la publicité sur Facebook en ciblant un groupe d'internautes spécifique (ex: les propriétaires d'entreprise) pour les diriger vers un article sur mon blogue qui leur explique les avantages de publier un livre pour promouvoir leur entreprise. En achetant de la publicité de cette façon, j'accélère énormément le nombre de personnes, voir clients potentiels, qui va voir mon message. Je peux déterminer le montant précis de publicité que je veux faire sur Facebook et ainsi le nombre de visiteurs potentiels sur mon site.

Mais ATTENTION, la publicité sur les réseaux sociaux, tel Facebook, YouTube ou ailleurs sur internet, ne fonctionne pas comme l'ancienne méthode. À l'époque, si vous aviez un MÉGA budget, vous pouviez engager toute une équipe pour réaliser et produire une vidéo. Ensuite vous dépensier une petite fortune en achetant du temps d'antenne à la télévision (la même chose à la radio) et vous pouviez ainsi inonder les ondes avec votre message. Plus vous dépensiez d'argent, plus les gens voyaient votre publicité. Après plusieurs répétitions du même message, ils devenaient familiers avec le produit ou service annoncé et éventuellement, plusieurs procédaient à un achat. Puisque la télévision vous obligeait à regarder la publicité en coupant votre émission préférée par des messages publicitaires, vous n'aviez pas le choix d'écouter le message publicitaire et parfois de "rager" si la même annonce passait 10 fois dans la même soirée. Par la suite, il est devenu possible de "zapper" ou d'enregistrer vos émissions sans publicité, ce qui a obligé les annonceurs à changer quelque peu leur approche et d'être plus créatif. Puis est venu l'internet qui a complètement changé les règles de la publicité. Maintenant, les gens ne sont plus captifs des diffuseurs ou des annonceurs. Si vous présentez une publicité qui ne parle que de vous, il est fort à parier que très peu de gens l'écouteront ou passeront à l'action. Ils peuvent aisément surfer ailleurs.

Par contre si vous créez une publicité centrée sur les intérêts et les besoins de votre client potentiel et que vous lui donner de la valeur avant même que vous lui demandiez quoi que ce soit, alors vous avez une "publicité" qui n'est plus une publicité, mais plutôt du contenu de qualité que les internautes se feront un plaisir de consommer pour découvrir votre message et parfois même de le partager dans leur réseau.

Les deux plateformes de publicité que je suggère à mes clients sont Facebook et YouTube; principalement parce qu'elles sont très efficaces et peu coûteuses, surtout si on les compare avec les médias plus traditionnels.

Si vous prenez les journaux, par exemple, il peut facilement vous coûter de 700$ à 1500$ ou plus pour une seule parution. Les journaux ou représentants publicitaires dans ces médiums vous diront qu'ils rejoignent plusieurs dizaines (ou centaines) de milliers de lecteurs. Par contre, ce qu'ils ne vous diront pas c'est l'efficacité de ces annonces. Qui verra votre annonce publiée une seule fois dans le journal, à travers 20 autres pages d'annonces? Si vous êtes comme moi, vous sautez justement par dessus les pages de publicité pour aller vers les articles. Alors imaginez-vous tout l'argent que vous pouvez jeter par les fenêtres ou plutôt jeter dans les poches des grands médias établis.

Comparons à une publicité sur Facebook où vous pouvez cibler très précisément qui verra votre publicité et où vous payez seulement lorsque qu'une personne prend action. Ce type de publicité est un outil de marketing extrêmement efficace. En plus, vous pouvez acheter de la publicité pour aussi peu que 5$ ou 10$ par jour, ce qui constitue un avantage considérable. Vous aurez accès à des statistiques précises, c'est-à-dire les résultats de votre publicité, qui vous indiqueront ce qui fonctionne. Vous pouvez ainsi décider si vous augmentez votre budget ou l'arrêter (ce qui peut être fait par un simple clic).

J'ai une cliente, à l'heure où j'écris ces pages, qui a un budget de moins de 10$ par jour et qui dépense seulement 11 cents par clic. Ce qui veut dire qu'elle paie Facebook seulement quand les internautes cliquent sur sa publicité. Même si elle dépense très peu pour cette publicité, elle a un excellent rendement sur son investissement., Facebook affiche son annonce à son public cible, les gens cliquent sur le lien et se rendent sur son site web pour voir ce qu'elle a à offrir, pour 11 cents par personne! Ce qui est d'autant plus impressionnant c'est que cette même cliente n'avait aucune expérience sur le web avant de travailler avec moi. En seulement quelques semaines, je l'ai aidée à créer de toute pièce son offre et sa présence en ligne avec une vidéo affichée sur une simple page web, qui explique ce qu'elle propose aux visiteurs. Grâce à la publicité Facebook, on peut envoyer du trafic de qualité à cette page web. Seulement les internautes qui se sentent interpellés par ce qu'elle annonce vont cliquer sur sa publicité donc elle ne perd pas de temps et d'argent avec ceux qui n'ont pas d'intérêt.

Facebook offre des options publicitaires encore plus avancées. Par exemple, un grand nombre de visiteurs qui ont vu l'annonce de ma cliente n'ont pas cliqué sur son lien. Parfois c'est par manque d'intérêt, mais c'est peut-être aussi par manque de temps ou d'attention. Facebook (ainsi que YouTube) offre un moyen de cibler à nouveau, avec une autre publicité, ces personnes qui ont vu, mais qui n'ont pas cliqué. Ce qui est intéressant ici, c'est que cette annonce est moins dispendieuse que la première parce qu'elle est encore plus ciblée. Avec ce genre d'annonce (appelée "retargeting" sur Facebook ou "remarketing" sur YouTube) vous vous assurez donc que seuls les internautes qui ont vu votre première publicité verront la deuxième. Celle-ci peut être la même annonce pour une répétition du message ou une version modifiée, pour tester un autre message. Cette approche ouvre la porte à de la publicité très ciblée et très efficace.

Facebook étudie les habitudes de ses utilisateurs depuis ses débuts, ce qui permet de bien cibler les clients potentiels. C'est pourquoi les entrepreneurs peuvent utiliser Facebook pour rejoindre les internautes qui représentent exactement leurs clients potentiels. Par exemple, vous pourriez faire de la publicité qui serait présentée seulement aux femmes entre 30 et 45 ans qui aiment la course à pied.

Également, même avec un petit budget, après une journée ou deux, vous pouvez déterminer si votre publicité fonctionne et si les gens cliquent sur votre annonce et prennent ensuite action sur votre site.

Commencez-vous à voir le potentiel d'une publicité si bien ciblée et peu coûteuse comme celle offerte avec Facebook?

Comprenez bien que si Facebook peut offrir des prix si avantageux, c'est parce qu'ils ont des centaines de milliers - sinon des millions - d'utilisateurs qui annoncent chaque jour des petits montants. Prenez 500 000 personnes qui achètent pour 10$ par jour, cela est peu coûteux pour ceux qui annoncent, mais on parle quand même de 5 millions de dollars de revenus pour Facebook. C'est pour ça, entre autres, qu'ils n'ont pas à charger des montants élevés. Ils ont ouvert la possibilité d'annoncer et d'utiliser la publicité efficacement à des centaines de milliers de petits entrepreneurs et croyez-moi, il y a aussi beaucoup de gros joueurs qui les utilisent. Je connais des experts qui sont seuls dans leur compagnie et qui dépensent plus de 1000 $ par jour en annonces sur Facebook puisque cette publicité leur rapporte plusieurs millions de dollars en revenu.

La publicité sur internet est maintenant tellement efficace que celle-ci devient pour plusieurs un investissement plutôt qu'une dépense. Surtout si vous avez un système de vente automatisé qui dirige chaque visiteur de vos publications vers votre "funnel de vente". Imaginez si vous investissez 1$ en publicité sur Facebook pour acquérir un nouveau client potentiel et que ce client en fin de compte vous rapporte 1.25$ grâce au funnel de vente que vous aurez établi. Combien d'argent seriez-vous prêt à investir si chaque dollar dépensé (ou plutôt investi) en publicité, vous rapportait 1.25$ en retour? C'est rare un investissement qui rapporte 25% de nos jours.

Vous vous souvenez du concept "donner avant de demander" (j'espère, sinon retournez à l'ingrédient #2 - Rencontrer)? Cet ingrédient fonctionne même pour la publicité en ligne. Puisque la publicité plus traditionnelle ne fonctionne pas sur internet, vous pouvez contourner ce fait en offrant un contenu de qualité à votre public et payer pour promouvoir ce contenu. Par exemple, si vous avez un article sur votre blogue qui est populaire, car il aide votre client potentiel à sauver du temps avec une certaine tâche, vous pouvez alors envoyer du trafic vers cet article où le visiteur peut en bénéficier sans devoir acheter quelque chose.

Vous pouvez, sur la même page, leur offrir une gratuité en échange de leur courriel. Donc vous aurez payé de la publicité Facebook pour envoyer des visiteurs vers le blogue, où vous leur offrez du contenu de qualité gratuit et offrez une autre gratuité complémentaire en échange pour leur adresse courriel. Toute cette valeur que vous donnez à vos clients potentiels va établir une relation de confiance avec ces derniers. Ainsi, lorsque vous allez présenter une offre payante, c'est plus probable qu'ils soient tentés de l'essayer. Considérant la qualité de contenu que vous leur donnez gratuitement, ils peuvent s'attendre à en avoir pour leur argent s'ils achètent votre formation.

De la publicité avec YouTube
Pour ce qui est de la publicité sur YouTube, celle-ci fonctionne un peu comme Facebook. Vous pouvez très bien la cibler et les statistiques auxquelles vous avez accès sont précises, ce qui vous permet rapidement de déterminer si elle fonctionne ou non. Bien sûr, cette publicité est sous forme de vidéo, ce qui permet de présenter rapidement une solution aux problèmes de vos clients. Il est important de noter ici que la vidéo (telle qu'il a été mentionné dans le chapitre à ce sujet) prend énormément de place sur le web. C'est la même chose pour ce type de publicité. Celle-ci se fait de plus en plus avec une vidéo, car il est beaucoup plus facile et abordable de réaliser vous-même une vidéo.

Par exemple, vous pourriez faire une vidéo dans laquelle vous donnez trois de vos meilleurs trucs (dans votre domaine d'expertise) qui vous permettent de sauver du temps ou de l'argent. Vous achetez de la publicité sur YouTube pour que cette vidéo soit présentée aux gens qui font des recherches au sujet de votre domaine d'expertise. Ceux-ci regardent cette vidéo dans laquelle vous avez aussi inséré, stratégiquement, un lien pour que les visiteurs puissent consulter une offre ou une gratuité sur votre site web ou un lien vers une "squeeze page". Vous commencez à voir que les concepts reviennent, peu importe la plateforme. Vous voulez donner de la valeur aux visiteurs pour les encourager à en savoir davantage sur vous ou vos services.

Ce qui est intéressant avec YouTube c'est que les 30 premières secondes de votre vidéo sont GRATUITES. Effectivement, si vous achetez de la publicité sur ce médium et que vous la diffuser "in stream" (il s'agit de la vidéo publicitaire qui apparait avant celle que les gens désirent visionner). Si le visiteur ne clique pas sur votre annonce ou ne regarde pas au moins 30 secondes de cette vidéo (ou toute la vidéo si elle est moins de 30 secondes), vous ne payez pas pour la diffusion de votre annonce.

Vous avez bien lu, YouTube ne vous facture pas pour la publicité dans certaines conditions. Ce qui rend la plateforme YouTube très intéressante pour annoncer, car vous payez seulement si l'internaute regarde plus de 30 secondes de votre vidéo ou s'il pose une action en cliquant sur votre vidéo (ce qui peut les diriger vers votre site ou vers une autre vidéo de votre choix).

Tout comme Facebook, la plateforme YouTube permet de cibler ("remarketing") votre publicité vers les internautes qui ont déjà vu votre publicité, mais qui n'ont pas pris action.

Également, il est important de garder en tête que YouTube est le deuxième plus important moteur de recherche sur le web, tout de suite après Google, alors je ne peux souligner assez l'importance d'être présent sur la plateforme où les gens se trouvent déjà.

J'espère qu'avec cette brève introduction, j'aurai stimulé votre intérêt pour essayer l'achat de publicité sur internet pour envoyer du trafic vers votre funnel. Même si vous avez la meilleure offre, si personne ne le sait, personne n'en profite.

En résumé
Dans cette section, je vous ai présenté les 6 ingrédients essentiels pour promouvoir et vendre efficacement sur internet.

J'ai partagé ce que mon expérience et mon travail auprès des plus grands marketers en ligne m'ont appris. Vous avez maintenant entre les mains les plus récentes stratégies de marketing sur le web. Il n'en tient qu'à vous de saisir l'occasion qui vous est offerte d'être parmi les pionniers francophones à utiliser ces méthodes.

J'ai voulu présenter dans ce livre, les éléments essentiels qui peuvent vous permettre à rentabiliser votre investissement en ligne le plus rapidement possible. Je réalise que certains d'entre vous, si vous êtes visuels comme moi, auront besoin d'un survol de ce qui est possible sur internet, mais aussi d'avoir l'opportunité de le voir. Bien que ce livre vous présente les éléments en les expliquant par écrits, si vous désirez voir une démonstration des éléments mentionnés, vous pouvez vous procurer la formation en ligne que j'ai spécialement créée pour accompagner ce livre. Vous pourrez ainsi voir à l'écran ce que je vous explique dans ce livre: les différents styles de "squeeze page", comment passer d'une publicité sur Facebook à votre blogue afin d'acquérir l'adresse courriel de vos visiteurs, un aperçu d'un autorépondeur et une séquence de courriels qu'on peut écrire et automatiser à l'avance. **En fait, tout ce qui à été mentionné dans ce livre.**

La formation s'appelle "L'INTERNET, S'Y RETROUVER EN PROFITER" et vous pouvez trouver plus d'informations à cette adresse:
http://alainpomerleau.com/internet-en-profiter

Ce qui nous amène justement à ce qui s'offre à vous après ce livre : quelles sont vos prochaines options, que pouvez-vous faire pour en savoir plus ou appliquer ce que vous avez appris dans ce livre?

SECTION 3

La conclusion ou plutôt la suite...

PROCHAIN CHAPITRE...

Pour compenser le fait que ce livre va mal vieillir, car l'internet change rapidement, j'ai pensé inclure ce prochain chapitre...

QUI N'EST PAS ENCORE ÉCRIT !

Il n'est pas écrit présentement car ce chapitre traitera des changements, de l'évolution, des nouvelles stratégies qui vont devenir disponibles sur internet dans les mois qui vont venir.

Comme mentionné au début du livre, vous n'avez qu'à vous rendre à AlainPomerleau.com/prochain-chapitre pour vous inscrire et recevoir les nouveautés au fur et à mesure qu'elles seront disponibles.

Chacun a son expertise et ses passions dans la vie et une des miennes est de me tenir au courant de ce qui se fait de mieux et de plus récent sur internet. Donc en vous inscrivant sur ce site, cela vous permettra de rester informé, de rester à jour sur les dernières stratégies de marketing.

S'il y a des changements majeurs dans le livre, cela me permettra aussi de vous laisser savoir qu'une nouvelle version du livre est disponible.

Il me fera plaisir de vous tenir au courant soit par un article que je publierai sur mon blogue ou par une vidéo ou même par une nouvelle version du livre numérique que je vous offrirai GRATUITEMENT. Mais la seule façon de vous assurer que vous serez tenu au courant des changements ou des nouveautés, est de vous inscrire sur cette page internet: AlainPomerleau.com/prochain-chapitre

EN PLUS, je compte me servir de ce PROCHAIN CHAPITRE pour répondre à certaines de vos questions. Une des difficultés quand on écrit un livre ou que l'on fait de la formation en ligne est de répondre à toutes les questions que le débutant ou même la personne plus avancée, ont en tête et de le faire à tous les niveaux.

Il est fort probable que je suis passé trop rapidement sur certains aspects ou il se peut que j'aie tout simplement "sauté certaines étapes" parce que tel ou tel processus est rendu trop évident pour moi et je n'y pense plus. Donc pour remédier à cela, vous pourrez posez vos questions sur cette même page. J'ai inclus un formulaire à cet effet une fois que vous êtes inscrit. En plus, vous pouvez toujours me les faire parvenir par courriel à l'adresse suivante: support@alainpomerleau.com

Je me servirai donc de ce chapitre pour répondre aux questions les plus fréquentes ainsi que les nouveautés ou les changements sur les meilleures "pratiques" concernant l'internet.

Assurez-vous de vous inscrire pour être tenu à jour et pour recevoir tous les chapitres de ce livre ;-)

AlainPomerleau.com/prochain-chapitre

Merci d'avoir pris le temps de lire ce livre et au plaisir de continuer à vous aider !

Alain Pomerleau

REJOINDRE ALAIN POMERLEAU

Voici d'autres façons d'avoir accès aux livres, formations et services qu'Alain offre sur internet.

LES LIVRES

- COMMENT DEVENIR LA VEDETTE D'UNE VIDÉO SUR LE WEB - Du confort de votre maison - Selon votre horaire - Aucune expérience requise."

- PROMOUVOIR & VENDRE SUR INTERNET (vous lisez présentement ce livre ;-)

- PUBLIER & PROFITER (en écriture)

- UTILISEZ LA VIDÉO DANS VOTRE MARKETING (en écriture)

- PUBLIER SUR LINKEDIN POUR REJOINDRE VOS CLIENTS (titre provisoire - sortie début 2017)

LES FORMATIONS EN LIGNE DISPONIBLE

- L'internet s'y retrouver en Profiter

- Le Scénario à numéros

- Comment créer vous-même votre site web avec Wordpress, créez votre blogue avec Wordpress en quelques jours plutôt qu'en quelques mois!

- Écrire et publier votre livre en 90 jours ou moins

- **La série -** Automatisez votre business (disponible à l'automne 2016) - inscrivez-vous aujourd'hui pour suivre la formation à 50% de rabais

  - L'autorépondeur ou comment automatiser votre communication sur internet

  - Le funnel de vente ou la machine à vendre - Automatiser l'acquisition de nouveaux clients et de vos ventes sur internet.

LES SERVICES

- Consultation
- Services clé en main

SITE WEB

- AlainPomerleau.com
- Publieretprofiter.com
- Artistepom.com

COURRIEL

- Pour toutes questions ou tous commentaires, vous pouvez écrire à support@alainpomerleau.com